国家高技能实训基地校企合作教材

Gonglu Celianggong
公路测量工

虞卫国　谢忠安　**主　编**
董亚辉　关春洁　**副主编**
孙海乾　段国胜　**主　审**

人民交通出版社股份有限公司
China Communications Press Co.,Ltd.

内容提要

本书是公路施工企业技术人员岗位培训教材之一,按照以工作任务为导向、以综合职业能力培养为目标的"校企合作、工学结合"的培训模式,结合青藏高原特殊地区公路建设实际,针对公路施工与养护专业高技能人才培训的特点来编写。全书共八个模块,内容包括:测量工作认知,平面控制测量,高程测量,小区域控制测量,地形图的测绘与应用,道路中线测量,道路纵、横断面测量,施工测量基本知识。

本书是提高公路测量工业务水平的专业教材,既可满足施工生产实际需要,又可满足职业技能鉴定培训需要,是公路施工企业技术人员岗位培训用书,也可作为各级各类公路专业技术学校师生的教学和参考用书。

图书在版编目(CIP)数据

公路测量工/虞卫国,谢忠安主编. —北京:人民交通出版社股份有限公司,2014.10
ISBN 978-7-114-11432-8

Ⅰ.①公… Ⅱ.①虞… ②谢… Ⅲ.①道路测量—岗位培训—教材 Ⅳ.①U412.24

中国版本图书馆 CIP 数据核字(2014)第 105421 号

国家高技能实训基地校企合作教材

书　　名:	公路测量工
著 作 者:	虞卫国　谢忠安
责任编辑:	刘　倩
出版发行:	人民交通出版社股份有限公司
地　　址:	(100011)北京市朝阳区安定门外外馆斜街 3 号
网　　址:	http://www.ccpress.com.cn
销售电话:	(010)59757973
总 经 销:	人民交通出版社股份有限公司发行部
经　　销:	各地新华书店
印　　刷:	北京市密东印刷有限公司
开　　本:	787×1092　1/16
印　　张:	9.5
字　　数:	240 千
版　　次:	2014 年 10 月　第 1 版
印　　次:	2017 年 8 月　第 2 次印刷
书　　号:	ISBN 978-7-114-11432-8
印　　数:	2001—3000 册
定　　价:	35.00 元

(有印刷、装订质量问题的图书由本公司负责调换)

前　言

　　本系列教材由公路施工与养护专业国家级高技能人才培训基地建设项目提供支持，公路施工与养护专业形成了以国家职业标准为依据、以工作任务为导向、以综合职业能力培养为目标的"校企合作、工学结合"的培训模式，成立了专业建设项目组。

　　专业建设项目组通过充分的调研和论证，结合青藏高原特殊地区公路建设实际，以公路桥梁建设项目为载体，以公路建设过程中的典型工作任务为导向，以综合职业能力培养为目标，构建"职业标准与培训目标"相对接、"工作场景与实训场景"相对接、"工作任务与培训内容"相对接的培训课程体系。专业建设项目组组织本专业骨干教师及行业专家、企业技术骨干共同编写工学结合系列教材。

　　《公路测量工》是公路施工企业技术工人岗位培训教材之一，本书着眼于测量学的基本知识、测量常规仪器的使用到中线测量，由浅入深，突出实用性，突出施工现场实用知识和职业技能鉴定知识的有机结合。

　　本书由虞卫国、谢忠安担任主编，董亚辉、关春洁担任副主编。参加编写的人员有：青海交通职业技术学院虞卫国编写模块二、模块三、模块四、模块六、模块七；青海交通职业技术学院董亚辉编写模块五；青海交通职业技术学院关春洁编写模块八；青海省湟源公路工程建设总公司谢忠安编写模块一。

　　全书由虞卫国统稿，青海交通职业技术学院高级工程师孙海乾、副教授段国胜主审，青海交通职业技术学院土木工程系的相关领导和同行在本书编写过程中给予了宝贵的支持，在此一并致谢！

　　由于编者水平有限，编写时间紧迫，书中不妥和错误之处在所难免，敬请读者批评指正，在此表示衷心感谢。

编　者
2014 年 7 月

目　　录

模块一　测量工作认知 ··· 1
　工作任务一　测量学的相关知识 ··· 1
　工作任务二　地面点的定位体系 ··· 3

模块二　平面控制测量 ··· 10
　工作任务一　经纬仪测角 ··· 10
　工作任务二　钢尺量距 ··· 24
　工作任务三　直线定线 ··· 27

模块三　高程测量 ··· 32
　工作任务一　水准测量 ··· 32
　工作任务二　普通水准测量 ··· 40
　工作任务三　水准仪检验与校正 ··· 48

模块四　小区域控制测量 ··· 52
　工作任务一　导线测量 ··· 52
　工作任务二　交会法定点 ··· 64
　工作任务三　三、四等水准测量 ··· 68
　工作任务四　三角高程测量 ··· 71
　工作任务五　全站仪及其使用 ··· 72

模块五　地形图的测绘与应用 ··· 75
　工作任务一　大比例尺地形图的测绘 ··· 75
　工作任务二　地形图的应用 ··· 93

模块六　道路中线测量 ··· 103
　工作任务一　路线转角的测设与里程桩的设置 ································· 103
　工作任务二　圆曲线的测设 ··· 110
　工作任务三　虚交曲线的计算与测设 ··· 114
　工作任务四　缓和曲线的计算与测设 ··· 116
　工作任务五　复曲线与回头曲线的测设 ······································· 121

模块七　道路纵、横断面测量 ··· 125
　工作任务一　基平测量 ··· 125
　工作任务二　中平测量 ··· 127
　工作任务三　纵断面图的绘制 ··· 130
　工作任务四　道路横断面测量 ··· 132

模块八　施工测量的基本知识 ··· 137

参考文献 ··· 146

模块一 测量工作认知

学习目标

学习本模块,要求掌握测量学的研究对象及工程测量的任务;了解测量学的学科分支;理解测量工作的基准面和基准线;理解用水平面代替水准面的限度;掌握地面点位的确定方法,包括地面点的坐标和高程的表示方法;掌握测量的基本工作和测量工作的基本原则。

学习要求

知识要点	能力要求	相关知识
工程测量的任务	(1)掌握测量学的研究对象 (2)了解测量学的学科分支 (3)掌握工程测量的任务	(1)测量学的概念及研究对象 (2)测量学的学科分支 (3)测绘和测设的概念
测量工作的基准线和基准面	(1)能够理解铅垂线是测量工作的基准线 (2)能够理解大地水准面是测量工作的基准面	(1)地球的形状和大小 (2)水准面以及大地水准面 (3)水准面的特性 (4)旋转椭球体
地面点位确定	(1)能够根据经度、纬度确定地面点的大地坐标 (2)能够建立独立平面直角坐标系 (3)能够计算各投影带中央子午线的经度 (4)能够确定地面点的高程	(1)经度和纬度的概念 (2)测量独立平面直角坐标系 (3)高斯投影 (4)中央子午线经度的计算 (5)高斯平面直角坐标系的建立 (6)绝对高程和相对高程的定义 (7)高差的定义
用水平面代替水准面的限度	(1)能够根据距离确定用水平面代替水准面的距离误差和高差误差 (2)能够理解用水平面代替水准面的限度	(1)水平面代替水准面对距离的影响 (2)水平面代替水准面对高差的影响
测量基本工作和测量工作的基本原则	(1)能够根据三个基本要素确定地面点相对位置关系 (2)能够根据测量工作的基本原则实施测量工作	(1)测量的三项基本工作 (2)测量工作的基本原则

工作任务一 测量学的相关知识

1. 测量学的定义及分类

测量学是研究地球的形状、大小以及确定地面点位的科学,包括测绘和测设两个方面。测绘是指使用测量仪器,通过一定的测量程序和方法,把地球表面的形状和大小缩绘成地形图或建立有关的数字信息,为国民经济建设的规划、设计和管理阶段提供资料;测设是指把图纸上设计好的建筑物的平面位置和高程位置在地面上标定出来,作为施工的依据。

测量学按照研究对象和研究范围的不同,划分为以下几个学科:

(1)大地测量学:该学科主要是研究整个地球的形状、大小和外部重力场及其变化、地面点的精确定位等,解决大范围控制测量工作。大地测量学是整个测绘科学的基础理论学科,它的主要任务是为测绘地形图和工程建设提供基本的平面控制和高程控制。

(2)普通测量学:该学科主要是研究地球表面局部区域的形状和大小,不考虑地球曲率的影响,把地球表面较小范围当作平面看待所进行的测量工作。其主要内容有图根控制网的建立、地形图的测绘及工程的施工测量。

(3)摄影测量学:该学科主要是利用摄影或遥感技术获取地面物体的影像,进行分析处理后建立相应的数字模型或直接绘制成地形图。按获取影像的方式不同,又分为水下摄影测量学、地面摄影测量学、航空摄影测量学和航天遥感等。

(4)工程测量学:该学科主要是研究工程建设在规划、勘测设计、施工和运营管理各阶段所进行的测量工作。按工程建设的对象不同,又分为水利、建筑、公路、铁路、矿山、隧道、桥梁、城市和国防等工程测量。工程测量贯穿于工程建设的全过程。

2. 测量学的任务与作用

测量学的任务包括测量和测设两个方面。测量是指使用测量仪器设备和工具,按照一定的方法,通过距离、角度、高差等要素的测量和计算,将地物和地貌的位置按一定比例尺,用规定的符号缩小绘制成地形图,供科学研究和工程建设规划设计使用。测设是指把图纸上规划设计好的建筑物、构筑物的位置,通过放样的方法在实地标定出来,作为施工的依据。

测量学是一门历史悠久的学科,随着现代科学技术的发展,测量学的发展也极为迅速,目前在国民经济建设的各个领域都有着广泛的应用。

随着测绘科技的不断进步和发展,在各个行业和人民日常生活中,其必将提供更为全面、准确、及时和适用的测绘成果和技术服务。

3. 测量学在公路建设中的地位

测量在交通土木工程建设中占有重要的地位,主要表现在:

(1)测量是交通土木工程规划选线的重要依据。例如,规划一个地区的交通网络,确定一条交通线的走向,必须有测量提供的地形图和有关的地理信息参数作为基础。

(2)测量是交通土木工程勘察设计的重要基础工作。在进行交通土木工程设计之前,必须对一个区域或者一条待定交通线地面的高低平斜、河川宽窄深浅以及地面附属物进行详细测量,并获得大量地面基础信息。

(3)测量是交通土木工程顺利施工的基本保证。一条公路中心线的标定、一座建筑物实际位置的确定等,测量技术工作都会在其中发挥重要的保证作用。

(4)测量是检验工程质量和保障重要交通土木工程设施安全运营的必要技术手段。

交通土木工程测量是交通土木工程专业的基本技术。土木工程技术人员应明确测量学科在交通土木工程建设中的重要地位,熟练掌握和应用测量基本理论、技术原理和测量方法,这是进行交通土木工程技术工作的基本条件。

工作任务二 地面点的定位体系

纵观测量学的研究内容和应用情况，无论是地形图测绘或是施工放样测量，最基本的测量内容是确定地面的空间位置，因此，有必要建立一个能表达地面点空间位置的定位体系。

我们知道，地面点是相对于地球定位的。如果选择一个能代表地球形状和大小且相对固定的理想曲面作为测量的基准面，就可以用地面点在基准面上的投影位置和高度来确定地面点的空间位置。

一、相关知识

1. 测量的基准面

测量工作是在地球表面进行的，而地球自然表面很不规则，有高山、丘陵、平原和海洋等。其中最高的珠穆朗玛峰高出海水面达 8 844.43m，最低的位于太平洋西部的马里亚纳海沟，低于海水面达 11 022m。但是这样的高低起伏，相对于地球近似半径 6 371km 来说还是很小的。又由于海洋约占整个地球表面的 71%，因此，可以把海水面所包围的地球形体看作地球的形状。即设想一个静止的海水面，向陆地延伸而形成一个闭合曲面，这个曲面称为水准面。水准面作为流体的水面是受地球重力影响而形成的重力等势面，是一个处处与重力方向垂直的连续曲面。由于水面可高可低，因此，水准面有无数多个，我们将其中与平均的海水面吻合的一个水准面，称为大地水准面。大地水准面是测量工作的基准面，由大地水准面所包围的地球形体，称为大地体。另外，我们将重力的方向线称为铅垂线，铅垂线是测量工作的基准线。

海水面由于受潮汐和风浪的影响，是个动态的曲面，平均静止的海水面实际在大自然中是不存在的。为此，我国在青岛设立验潮站，长期观测和记录黄海海水面的高低变化，取其平均值作为我国的大地水准面的位置（其高程为零），并在青岛建立了水准原点。目前，我国采用"1985 国家高程基准"为基准，青岛水准原点的高程为 72.260m，全国各地的高程都以它为基准进行测算。

用大地体表示地球的形状是比较恰当的，但是由于地球内部质量分布不均匀，引起局部重力异常，导致铅垂线的方向产生不规则的变化，使得大地水准面上也有微小的起伏，成为一个复杂的曲面，如图 1-2-1a) 所示，因此无法在这个复杂的曲面上进行测量数据的处理。为了测量计算工作的方便，通常用一个非常接近于大地水准面，并可用数学式表示的纯几何形体来代替地球的形状作为测量计算工作的基准面，这一几何形体称为地球椭球，它是由一个椭圆绕其

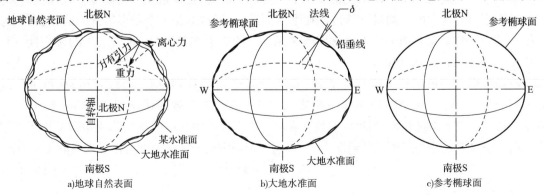

图 1-2-1 地球自然表面、大地水准面和参考椭球面

短轴旋转而成,故地球椭球又称为旋转椭球,如图1-2-1c)所示。这样,测量工作的基准面为大地水准面,而测量计算工作的基准面为旋转椭球面(参考椭球面)。

旋转椭球的形状和大小可由其长半轴 a(或短半轴 b)和扁率 α 来表示。我国的旋转椭球体目前采用的参数值为：

长半轴
$$a = 6\,378.137\text{km}$$

短半轴
$$b = 6\,356.752\text{km}$$

扁率
$$\alpha = \frac{a-b}{a} \approx \frac{1}{298.253}$$

由于旋转椭球的扁率很小,因此当测区范围不大时,可近似地把旋转椭球作为圆球,其半径近似值为 $R = \frac{1}{3}(2a+b) \approx 6\,371\text{km}$。

2. 坐标系

坐标是表示地面点位置并从属于某种坐标系统的技术参数。用途不同,表示地面点位置的坐标系统也各有不同。在工程建设中经常应用的有三种坐标系统,即大地坐标系、高斯平面直角坐标系和假定平面直角坐标系。

(1)大地坐标系

大地坐标系统是以参考椭球面为基准面的球面坐标系,通常以大地经度和大地纬度表示,

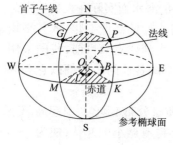

图 1-2-2 大地坐标

简称经度(L)和纬度(B)。图 1-2-2 表示以 O 为中心的大地椭球体,N 为北极,S 为南极,WMKE 是地球赤道面。p 是地球上的地面点,经 NSP 的平面称为子午面。P 是地面点 p 在参考椭球面的投影位置,NS KP 是过 P 点的子午线。图中设 NS MG 为经过英国格林尼治天文台 G 的本初子午线(起始子午线,1884 年国际经度会议决议确定),其子午面 NS G 与子午面 NS P 的夹角 L 是 P 点的大地经度,PO 线(法线)与赤道平面的夹角 B 是 P 点的大地纬度。L、B 称为 P 点的大地坐标。

(2)高斯平面直角坐标系

地理坐标对局部测量工作来说是非常不方便的。例如,在赤道上 1″的经度差或纬度差,对应的地面距离约为 30m。测量计算最好在平面上进行,但地球是一个不可展开的曲面,必须通过投影的方法将地球表面上的点位化算到平面上。投影有多种方法,我国采用的是高斯—克吕格正形投影,简称高斯投影。

高斯投影是将地球按经线划分成带(称为投影带),并分别投影。投影带是从首子午线起,每隔经度 6°划分为一带(称为统一 6°带),自西向东将整个地球划分为 60 个带,如图 1-2-3 所示。带号从首子午线开始,用阿拉伯数字表示。位于各带中央的子午线称为该带的中央子午线。第一个 6°带的中央子午线的经度为 3°,任意一带的中央子午线经度与投影带号的关系为：

$$L_0 = 6N - 3 \tag{1-2-1}$$

式中：L_0——中央子午线经度；
N——投影带的带号。

投影时，设想用一个空心椭圆柱横套在参考椭球外面，使椭圆柱与某一中央子午线相切，将椭球面上的图形按保角投影(投影后角度大小不变)的原理投影到圆柱体面上，然后将圆柱体沿着过南北极的母线切开，展开成为平面，并在该平面上定义平面直角坐标系，如图 1-2-4 所示。

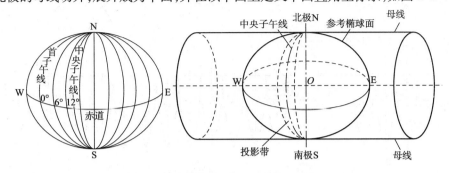

图 1-2-3 高斯平面直角坐标系的投影

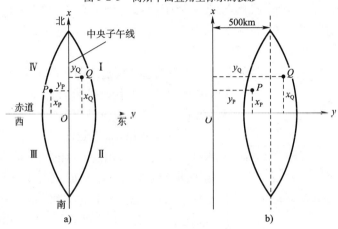

图 1-2-4 高斯平面直角坐标

投影后的中央子午线和赤道均为直线且保持垂直，以中央子午线为坐标纵轴(x轴)，向北为正，以赤道为坐标横轴(y轴)，向东为正，中央子午线与赤道的交点为坐标原点 O，这样组成的平面直角坐标系称为高斯平面直角坐标系。

高斯平面直角坐标系与数学中平面直角坐标系相比，不同点为：x 轴与 y 轴互换位置，南北方向为纵轴(x轴)，东西方向为横轴(y轴)；角度方向以纵坐标 x 的北端起顺时针度量；象限顺时针编号。相同点：数学上定义的三角函数在测量计算中可直接应用。

我国位于北半球，x 坐标均为正，y 坐标有正有负，为避免出现负值和便于确定该点位于哪一个6°带内，规定将纵坐标轴向西平移500km，并在 y 坐标前加上投影带的带号。如某点国家投影坐标为 $x=3\ 395\ 451$m，$y=18\ 417\ 739$m，则该点位于 18 投影带内，且自然坐标为 $x=3\ 395\ 451$m，$y=-82\ 261$m。

高斯投影虽然保证了角度不变，但距离却发生了变化，离中央子午线越近变形越小，离中央子午线越远变形越大。对于大比例尺地形图测绘和施工测量，变形过大是不允许的。减小投影带边缘位置距离变形的方法之一就是缩小投影带的带宽，例如可以选择统一 3°带、1.5°带或任意带(以城市中心某点的子午线为中央子午线)进行投影，其中统一 3°带中央子午线经度与投影带号的关系为：

$$L_0' = 3n \tag{1-2-2}$$

式中：n——3°带号。

统一3°带与统一6°带的关系如图1-2-5所示。

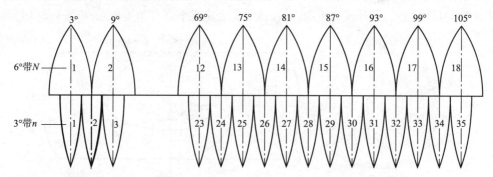

图1-2-5 高斯投影分带

我国领土所处的统一6°带投影与统一3°带投影的带号范围分别为13～23、25～45。可见，在我国领土范围内，统一6°带与统一3°带的投影带号是不重复的。

（3）假定平面直角坐标系

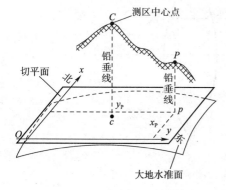

图1-2-6 假定平面直角坐标系

《城市测量规范》（CJJ/T 8—2011）规定，面积小于25km²的城镇，可不经投影直接采用假定平面直角坐标系，在平面上直接进行计算。

如图1-2-6所示，将测区中心点 C 沿铅垂线投影到大地水准面上得 c 点，用过 c 点的切平面来代替大地水准面，在切平面上建立的测区平面直角坐标系称为假定平面直角坐标系或称独立平面直角坐标系。坐标系的原点（坐标值可以假定也可选用已知坐标点）选在测区西南角以使测区内点的坐标均为正值，以过测区中心的子午线方向为纵轴（x轴），向北方为正；横轴（y轴）与 x 轴垂直，向东为正。

3. 高程系

（1）绝对高程

地面点沿铅垂线到大地水准面的距离称为该点的绝对高程（简称高程）或海拔，通常用 H 表示。如图1-2-7所示，H_A 和 H_B 即为 A 点和 B 点的绝对高程。

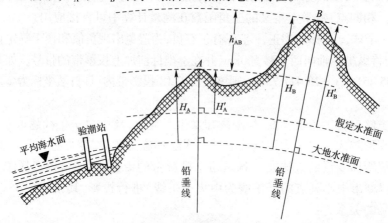

图1-2-7 高程和高差

高程系是一维坐标系,它的基准是大地水准面,要获得地面点的高程,必须要确定大地水准面的位置。由于海水面受潮汐、风浪等影响,它的高低时刻在变化。为确定大地水准面的位置,通常是在海边设立验潮站,对海平面位置进行长期观测,求得海平面的平均高度作为高程零点,把过该点的大地水准面作为高程基准面,即在大地水准面上的高程恒为零。

我国现在采用的高程基准是"1985国家高程基准"(简称"85高程基准"),它是以青岛验潮站1952~1979年的验潮资料确定的黄海海水面的平均高度作为高程基准面,并在青岛市观象山建立了水准原点,引测出水准原点的高程为72.260m,全国各地的高程都以它为基准进行测算。

(2)相对高程

在局部地区引用绝对高程有困难时,可以任意假定一个水准面作为高程起算的基准面。地面点到假定水准面的铅垂距离称为假定高程或相对高程,通常用 H' 表示,如图1-2-7所示,如 A、B 两点的相对高程表示为 H'_A、H'_B。

两个地面点之间的高程之差称为高差,用 h 表示。两点之间的高差有方向性和正负,但与高程起算面无关。如 A、B 两点的高差为:

$$h_{AB} = H_B - H_A = H'_B - H'_A \tag{1-2-3}$$

4. 用水平面代替水准面的限度

所有测量工作都是在地球表面上进行的。当测区范围较小时,可不考虑地球曲率的影响,将大地水准面近似当作水平面来看待,以简化测量和绘图工作。那么当测区范围多大时,用水平面代替大地水准面所产生的距离、角度和高程的测量误差才不会超过允许范围。

以下就讨论以水平面代替水准面对水平距离和高差的影响,从而明确可以用水平面代替水准面的范围。

(1)对水平距离的影响

如图1-2-8所示,A、B 为地面上两点,它们在大地水准面上的投影为 a、b,弧长为 D。在水平面上的投影为 a'、b',其水平距离为 D',两者之差 ΔD 即为用水平面代替水准面所产生的水平距离误差。

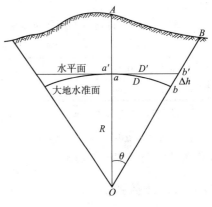

图1-2-8 水平面代替水准面的影响

设地球的半径为 R,AB 所对的圆心角为 θ,则:

$$\Delta D = D' - D = R(\tan\theta - \theta) \tag{1-2-4}$$

将 $\tan\theta$ 展开成级数

$$\tan\theta = \theta + \frac{1}{3}\theta^3 + \frac{1}{5}\theta^5 + \cdots$$

因 θ 角很小,因此可略去三次以上的高次项,只取其前两项代入式(1-2-4)中,得:

$$\Delta D = R\left(\theta + \frac{1}{3}\theta^3 - \theta\right)$$

又因 $\theta = D/R$,故:

$$\Delta D = \frac{D^3}{3R^2} \text{ 或 } \frac{\Delta D}{D} = \frac{D^2}{3R^2} \tag{1-2-5}$$

在式(1-2-5)中,取地球半径 $R = 6\,371\,\text{km}$,当距离 D 取不同的值时,则得到不同的 ΔD 和

$\Delta D/D$，其结果列入表 1-2-1 中。

用水平面代替水准面对水平距离的影响   表 1-2-1

距离 D(km)	距离误差 ΔD(cm)	相对误差 $\Delta D/D$	距离 D(km)	距离误差 ΔD(cm)	相对误差 $\Delta D/D$
10	0.8	1:1 250 000	50	102.7	1:49 000
25	12.8	1:200 000	100	821.2	1:12 000

从表 1-2-1 可知，当测区半径为 10km 时，以平面代替曲面所产生的距离相对误差为 1:1 250 000。这样小的误差，即使在地面上进行精密测距也是允许的。所以在半径为 10km 范围内，以水平面代替水准面所产生的距离误差可忽略不计。

（2）对高差的影响

在图 1-2-8 中，A、B 两点在同一水准面上，其高差应为零。B 点投影在水平面上得 b' 点，则 bb' 即为水平面代替水准面所产生的高差误差，或称为地球曲率的影响。

$$\Delta h = bB - b'B = Ob' - Ob = R\sec\theta - R = R(\sec\theta - 1) \quad (1\text{-}2\text{-}6)$$

将 $\sec\theta$ 展开成级数

$$\sec\theta = 1 + \frac{1}{2}\theta^2 + \frac{5}{24}\theta^4 + \cdots$$

因 θ 角很小，因此只取其前两项代入前式，又因 $\theta = D/R$，则得：

$$\Delta h = R\left(1 + \frac{1}{2}\theta^2 - 1\right) = \frac{1}{2}R\theta^2 = \frac{D^2}{2R} \quad (1\text{-}2\text{-}7)$$

取 $R = 6\ 371$km，用不同的距离 D 代入式（1-2-7），得到表 1-2-2 所列的结果。

用水平面代替水准面对高差的影响   表 1-2-2

D(km)	0.1	0.2	0.3	0.4	0.5	1.0	2.0	5.0	10.0
Δh(mm)	0.8	3.1	7.1	12.6	19.6	78.5	313.9	1 962.0	7 848.1

从表 1-2-2 可知，用水平面代替水准面时，当距离为 200m 时，高程误差就有 3.1mm，这对高程测量来说影响很大，在测量中是不能允许的。因此，当进行高程测量时，即使距离很短，也必须考虑地球曲率的影响。

二、任务实施

1. 测量的基本工作

根据前面所述，测量工作的基本内容是确定地面点的位置。它有两方面的含义：一方面是将地面点的实际位置用坐标和高程表示出来；另一方面是根据点位的实际坐标和高程将其在实地上的位置标定出来。要完成上述任务，必须用测量仪器，通过一定的观测方法和手段，测出已知点与未知点之间所构成的几何元素，才能由已知点导出未知点的位置。

点与点之间构成的几何元素有距离、角度和高差，这三个基本元素称之为测量三要素。如图 1-2-9 所示，a、b、c 为地面点在水平面上的投影位置，确定这些点的位置不是直接测定它们的坐标和高程，而是首先测定相邻点间的几何元素，即距离 D_1、D_2、D_3，水平角 β_1、β_2、β_3 和高差 h_{Fa}、h_{ab}、h_{bc}，再根据已知点 E、F 的坐标及高程来推算 a、b、c 各点的坐标和高程。由此可见，距离、角度、高差是确定地面点位置的三个基本元素，而距离测量、角度测量、高差测量是测量的基本工作。

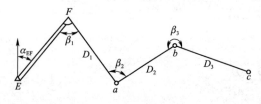

图 1-2-9 测量的三要素

2.测量工作的基本方法

在进行某项测量工作时,往往需要确定许多地面点的位置。假如从一个已知点出发,逐点进行测量和推导,虽可得到欲测各点的位置,但这些位置很可能是不准确的。因为,前一点的量度误差将会传递到下一点,这样积累起来,最后误差可能达到不可允许的程度。因此,测量工作必须依照一定的原则和方法来防止误差积累。

在实际工作中,要求测量工作遵循以下原则:在布局上"从整体到局部",在精度上"由高级到低级",在次序上"先控制后碎部"。也就是在测区整体范围内选择一些有"控制"意义的点,首先把它们的坐标和高程精确地测定出来,然后以这些点作为已知点来确定其他地面点的位置。这些有控制意义的点称之为测量控制点。

采用上述原则进行测量,可以有效地控制误差的传递和积累,使整个测区的精度较为均匀和统一。如在公路路线测量中,测设曲线时,就是先进行主点测设,后进行详细测设的;在大桥的施工测量中,首先是建立施工控制网,进行符合精度要求的控制测量,然后在控制点上安置仪器,进行桥梁细部构造的放样。

习 题

1. 工程测量的基本任务是什么?对你所学的专业起什么作用?
2. 什么是水平面?什么是水准面?什么是大地水准面?它们有何区别?
3. 什么是绝对高程(海拔)?什么是相对高程?什么是高差?
4. 表示地面点位有哪几种坐标系统?各有什么用途?
5. 测量中的平面直角坐标系和数学中的平面直角坐标系有何不同?为何这样规定?
6. 某地的大地经度为东经109°20′,试计算它所在的6°带带号以及中央子午线的经度。
7. 测量工作的基本原则是什么?

模块二 平面控制测量

> 学习目标

本学习模块介绍了三项基本测量工作内容中的角度测量和距离测量的基本方法。角度测量包括水平角测量和竖直角测量。工作任务一介绍了角度测量的基本原理、光学经纬仪的构造及操作步骤、水平角和竖直角的测量、经纬仪的检验和校正、角度测量误差及注意事项,要求理解角度测量的基本原理、掌握DJ_6光学经纬仪的使用、掌握水平角和竖直角的测量方法、了解经纬仪检验和校正方法、了解角度测量的误差来源。工作任务二介绍了钢尺量距,要求掌握钢尺量距的一般方法和精度评定。掌握直线定线和直线定向的方法。

> 学习要求

知识要点	能力要求	相关知识
经纬仪及其使用	(1)掌握经纬仪的使用方法 (2)能够正确读取经纬仪的读数	(1)经纬仪的构造和性能 (2)经纬仪的安置:对中和整平 (3)经纬仪刻度盘的读数原理
水平角测量	(1)能够根据工程情况选择合理的水平角测量方法 (2)能够在测量中采取减小测量误差的有效措施 (3)能够观测水平角并正确计算出所测量的水平角	(1)经纬仪的使用 (2)水平角测量的基本方法步骤 (3)影响测角误差的因素
竖直角测量	(1)能够根据经纬仪不同竖盘注记确定竖直角的计算公式 (2)能够观测并正确计算竖直角 (3)能够正确计算出竖盘指标差	(1)竖直度盘构造 (2)竖直角测量原理 (3)竖盘指标差的计算
钢尺量距	(1)能够根据实际情况选用钢尺量距方法 (2)能够利用钢尺等工具进行距离丈量	(1)目估定线和经纬仪定线方法 (2)钢尺量距的一般方法 (3)钢尺量距的误差及注意事项

工作任务一 经纬仪测角

一、相关知识

1. 水平角测量原理

水平角是指空间两条直线在水平面上投影所形成的水平夹角。水平角一般用 β 表示,取值范围为 0°～360°。

如图 2-1-1 所示，A、B、C 为地面上任意三点，将三点沿铅垂线方向投影到水平面上，得到相应的 A_1、B_1、C_1，水平线 B_1A_1、B_1C_1 的夹角 $\angle A_1B_1C_1$ 即为 A、C 两点对 B 点所形成的水平角 β。可以看出，β 也就是过直线 BA 和 BC 所做的两个铅垂面之间的夹角。

为了测量水平角，可以假设在过 B 点的上方水平安置一个有刻度的圆盘（称为水平度盘），水平度盘的中心位于过 B 点的铅垂线上，过 BA、BC 的铅垂面与水平度盘交线的相应读数为 a、c，则水平角为：

$$\beta = c - a，当 c > a 时 \tag{2-1-1}$$

或

$$\beta = c + 360° - a，当 c < a 时$$

2. 竖直角测量原理

在同一竖直面内，视线和水平线之间的夹角称为竖直角或垂直角，通常用 α 表示，取值范围为 0°～±90°。如图 2-1-2 所示，当视线在水平线之上称为仰角，符号为正；当视线在水平线之下称为俯角，符号为负。

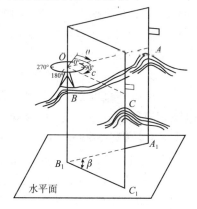

图 2-1-1 水平角测量原理

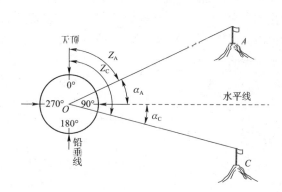

图 2-1-2 竖直角测量原理

在测站点 O 上安置一个带有竖直刻度盘的测角仪器，其竖盘中心通过水平视线，设照准目标点 A 时视线的读数为 n，水平视线的读数为 m，则竖直角 α 为：

$$\alpha = n - m \tag{2-1-2}$$

3. 光学经纬仪

经纬仪的种类很多，但基本结构大致相同。按测角精度分为 DJ_{07}、DJ_1、DJ_2、DJ_6、DJ_{10} 等几个等级，其中字母 D、J 分别为"大地测量"和"经纬仪"汉语拼音的第一个字母，其下标的数值为仪器的精度，以秒计。例如：DJ_6 代表该仪器野外一测回方向观测中误差为 6s，以此类推。本节重点介绍工程建设中常用的 DJ_2、DJ_6 两种经纬仪的构造和操作方法。

1）DJ_6 级光学经纬仪

（1）DJ_6 级光学经纬仪的一般构造

各种型号光学经纬仪的构造大致相同，主要由基座、度盘和照准部三大部分组成。DJ_6 级光学经纬仪如图 2-1-3、图 2-1-4 所示。

①照准部。照准部是指经纬仪上部能绕其旋转轴旋转的部分，主要包括竖轴、U 形支架、望远镜、横轴、竖盘装置、水准器、制动微动装置和读数显微镜等。

照准部的旋转轴称为仪器竖轴，竖轴插入基座内的竖轴轴套中旋转；照准部在水平方向的

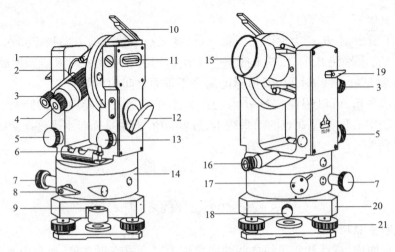

图 2-1-3 DJ₆ 级光学经纬仪

1-光学瞄准器;2-物镜调焦螺旋;3-读数显微镜;4-目镜;5-望远镜微动螺旋;6-照准部管水准器;7-水平微动螺旋;8-水平制动螺旋;9-基座圆水准器;10-竖盘指标管水准器反射镜;11-竖盘指标管水准器;12-反光镜;13-竖盘指标管水准器微动螺旋;14-水平度盘;15-物镜;16-光学对中器;17-水平度盘变换螺旋;18-轴套固定螺旋;19-望远镜制动螺旋;20-基座;21-脚螺旋

转动由水平制动、水平微动螺旋控制;望远镜固连在仪器横轴上,绕横轴的转动由望远镜制动、望远镜微动螺旋控制;竖直度盘安装在横轴的一端,随望远镜一起转动,用来测量竖直角;竖盘指标管水准器的微倾运动由竖盘指标管水准器微动螺旋控制;照准部管水准器用于精确整平仪器。

②度盘。光学经纬仪有水平度盘和竖直度盘,一般是由圆环形的光学玻璃刻制而成,盘片边缘刻有间距相等的分划,度盘分划值一般有 1°、30′、20′ 三种,按顺时针注记 0°~360° 的角度数值。

水平度盘独立装于竖轴上,测量水平角时水平度盘不随照准部转动。若想改变水平度盘位置,复测经纬仪可以通过复测扳手将水平度盘与照准部连接,照准部转动时就带动水平度盘一起转动;方向经纬仪可利用水平度盘变换手轮将水平度盘转到所需要的位置上。

竖直度盘的构造与水平度盘一样,固定在横轴的一端,随望远镜在铅垂面内转动。

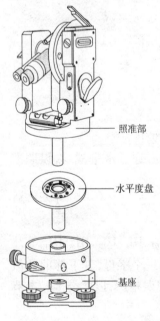

图 2-1-4 DJ₆ 光学经纬仪的组成部分

③基座。基座包括轴座、脚螺旋和连接板,轴座是将仪器竖轴与基座连接固定的部件,脚螺旋用于整平仪器。轴座上有一个固定螺旋,可将仪器固定在基座上,旋松该螺旋,可将经纬仪水平度盘连同照准部一起从基座中拔出,因此使用仪器时,切勿松动该螺旋,以免照准部与基座分离而坠落。基座和三脚架头用中心螺旋连接,可将仪器固定在三脚架上。中心螺旋下有一小钩可挂垂球,测角时用于仪器对中。

(2)DJ₆ 级光学经纬仪的读数装置

光学经纬仪的读数装置包括度盘、光路系统和测微器。DJ₆ 级光学经纬仪的测微装置有分微尺测微器和单平板玻璃测微器两种。

分微尺测微器结构简单,读数方便,具有一定的读数精度,广泛应用于 DJ₆ 级光学经纬仪。它把度盘和分微尺的影像通过光路系统反映到读数显微镜内进行读数。

如图 2-1-5 所示,在读数显微镜中可看到两个读数窗,一个为注有"水平"或"H"的水平度盘读数窗,另一个为注有"竖直"或"V"的竖直度盘读数窗。每个读数窗中有一刻划了 60 个小格的分微尺,每小格为 1′,尺上每 10 小格注记整 10′数,全尺尺长等于度盘上 1°的两分划线间隔的影像宽度。

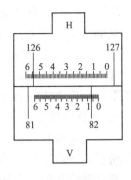

图 2-1-5　分微尺测微器读数视窗

读数方法为:以分微尺上的"0"分划线为读数指标,整度数由落在分微尺上的度盘分划线的注记读出,小于 1°的角度由分微尺上"0"分划线与度盘上的"度"分划线之间所夹的角值读出;最小读数可以估读到测微尺上 1 格的十分之一,即为 0.1′或 6″。例如,图 2-1-5 的水平度盘读数为 126°54.5′(或 126°54′30″),竖直度盘读数为 82°06.9′(或 82°06′54″)。

2) DJ_2 级光学经纬仪

(1) DJ_2 级光学经纬仪的一般构造

DJ_2 级光学经纬仪的构造与 DJ_6 级基本相同,主要区别是读数设备及读数方法不同。如图 2-1-6 所示为国产某 DJ_2 级光学经纬仪。

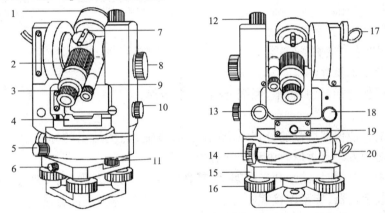

图 2-1-6　DJ_2 级光学经纬仪

1-物镜;2-望远镜调焦螺旋;3-目镜;4-照准部管水准器;5-照准部制动螺旋;6-轴套固定螺旋;7-光学瞄准器;8-测微轮;9-读数显微镜;10-度盘换像手轮;11-水平度盘变换手轮;12-望远镜制动螺旋;13-望远镜微动螺旋;14-水平微动螺旋;15-基座;16-脚螺旋;17-竖盘照明反光镜;18-竖盘指标补偿器开关;19-光学对中器;20-水平度盘照明反光镜

(2) DJ_2 级光学经纬仪的读数装置

DJ_2 级光学经纬仪的读数装置具有以下特点:

DJ_2 级光学经纬仪一般均采用对径分划线影像符合的读数装置。相当于取度盘对径(直径两端)相差 180°处的两个读数的平均值,由此可以消除度盘偏心误差的影响,以提高读数精度,通常称为双指标读数。

对径符合读数装置是在度盘对径两端分划线的光路中各安装一个固定光楔和一个活动光楔,活动光楔与测微尺相连。入射光线通过光路系统,将度盘某一直径两端分划线的影像同时显现在读数显微镜中。在读数显微镜中所看到的对径分划线的影像位于同一平面上,并被一横线隔开形成正像与倒像。

DJ_2 经纬仪采用双光路系统。在度盘读数显微镜中,只能选择观察水平度盘或垂直度盘中的一种影像,通过旋转"度盘换像手轮"来实现二者间的转换。

图 2-1-7 为 DJ_2 级光学经纬仪读数示意图,右边窗口为度盘对径分划影像,度盘分划为

20′;左边小窗为测微尺影像,共 600 小格,最小分划为 1″。测微范围为 0′~10′,测微尺读数窗左侧注记数字为分,右侧数字注记为整 10″数。

读数方法:转动测微轮,使度盘正、倒像分划线精密重合。按正像在左、倒像在右,找出正像与倒像注记相差 180°的一对分划线,读出正像分划线的度数为 22°。数出上排的正像 22°与下排倒像 202°之间的格数再乘以 10′,就是整 10′的数值,即 50′。在旁边测微窗中读出小于 10′的分秒数 6′58.5″。将以上数值相加就得到整个读数为 22°56′58.5″。

上述读数方法极易出错,为使读数方便,现在生产的 DJ$_2$ 级光学经纬仪一般采用图 2-1-8 所示的半数字化读数。度盘对径分划线及度数和 10′的影像分别出现于两个窗口,另一窗口为测微器读数窗。当转动测微轮使对径上、下分划对齐以后,从度盘读数窗读取度数和 10′数,从测微器窗口读取分数和秒数。

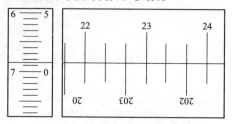 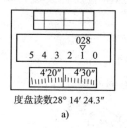 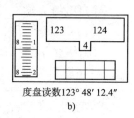

度盘读数28° 14′ 24.3″
a)

度盘读数123° 48′ 12.4″
b)

图 2-1-7 DJ$_2$ 光学经纬仪读数视窗　　　　图 2-1-8 DJ$_2$ 级经纬仪半数字化读数视窗

4. 经纬仪的技术操作

经纬仪的操作包括对中、整平、照准、读数四个步骤。

(1)对中

对中的目的是使仪器度盘的分划中心(仪器的竖轴)与测站点的标志中心位于同一铅垂线上。常用的对中方法有垂球对中和光学对中两种。

①垂球对中。对中时,先张开三脚架,使其高度适中,架头大致水平,架头中心大致对准测站标志。然后装上仪器,旋紧连接螺旋,挂上垂球。如果垂球尖偏离标志中心较远,则需将三脚架作等距离平移,或者固定一脚,移动另外两脚,使垂球尖大致对准标志,同时踩紧脚架。稍松连接螺旋,在架头上移动仪器,使垂球尖精确对准标志中心,最后拧紧连接螺旋。用垂球对中的误差一般可小于 3mm。

垂球对中受外界环境影响很大,该方法使用很少。

②光学对中器对中。对中时,先张开三脚架,使其高度适中,架头大致水平,且三脚架中心大致对准地面标志中心,旋转光学对中器目镜调焦螺旋使对中标志分划板清晰,再旋转光学对中器物镜调焦螺旋(有些仪器是拉伸光学对中器调焦)至看清地面的测点标志。踩紧一条架脚,双手分别握住另两条架腿稍离地面前后左右摆动,观察对中器,直至对中器分划中心对准地面标志中心为止。保持对中状态,轻轻放下两个架腿并踩紧。检查对中情况,若踩紧过程中出现对中少量偏移,可调节脚螺旋严格对中。若偏移较大,则需要重新拿起脚架,再次进行对中操作。光学对中器的对中误差一般不大于 1mm。

光学对中具有速度快、精度高的优点,是经纬仪对中的主要方法。

(2)整平

整平的目的是使仪器的竖轴垂直、水平度盘处于水平状态。整平工作分为粗平和精平。

①粗平。通过伸缩脚架腿使圆水准器气泡居中。圆水准器气泡是向脚架腿升高的一侧移动。粗平阶段最好不使用调节脚螺旋的方法使圆水准器气泡居中,因为旋转脚螺旋的同时,会

使得对中受到影响,增加反复操作的次数。

②精平。通过调节脚螺旋使照准部管水准器气泡居中。精平时,先转动照准部,使照准部水准管平行于任意两个脚螺旋的连线方向,如图 2-1-9a)所示,两手同时相向转动①、②两个脚螺旋,使水准管气泡居中,气泡移动方向与左手大拇指转动方向一致;然后,将照准部旋转 90°左右,转动脚螺旋③使气泡居中,如图 2-1-9b)所示。如此反复,直至仪器转到任何位置,气泡偏离零点不超过一格为止。

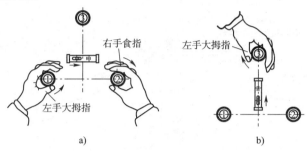

图 2-1-9　经纬仪的整平

(3) 瞄准

松开水平制动螺旋和望远镜制动螺旋,将望远镜指向明亮背景,调节目镜使十字丝清晰。用望远镜上的粗瞄器瞄准目标,旋紧制动螺旋。转动物镜调焦螺旋,使目标清晰并注意消除视差。最后调节水平微动螺旋和望远镜微动螺旋精确照准目标,照准标志如图 2-1-10 所示。测量水平角照准目标时,应尽量照准目标底部,照准时可用十字丝竖丝的单线平分较粗的目标,也可用双线夹住较细目标如图 2-1-11 所示,测量竖直角时,则应用横丝与目标相切。

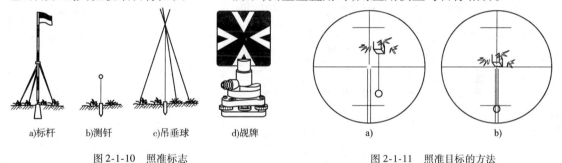

图 2-1-10　照准标志　　　　　　图 2-1-11　照准目标的方法

(4) 读数

读数时先打开度盘照明反光镜,调整反光镜的开度和方向,使读数窗亮度适中,再旋转读数显微镜的目镜使刻划线清晰,然后读数。

对于分微尺读数装置的仪器,可以直接读数。对于单平板玻璃测微器的仪器,则必须旋转测微手轮,使度盘上的某分划线位于双指标线中间后才能读数。

竖直角读数前,首先要看仪器是采用指标自动补偿器,还是采用指标水准器。如果采用指标水准器,读数前必须转动竖盘指标水准器微动螺旋,使竖盘指标水准器气泡居中后,方可读数。

二、任务实施

1. 水平角观测方法

在水平角观测中,为了发现错误并提高测角精度,一般要用盘左和盘右两个位置进行观测。当观测者对着望远镜的目镜,竖盘在望远镜的左边时称为盘左位置,又称正镜;反之称为盘右位置,又称为倒镜。

水平角的观测方法,一般有测回法和方向观测法两种。

(1)测回法

测回法用于观测两个方向之间的单角。如图 2-1-12 所示,设 B 点为测站点,A、C 为观测目标,$\angle ABC$ 为观测角。在 B 点安置仪器,进行对中、整平,然后按以下步骤进行观测。

图 2-1-12 测回法观测水平角

①盘左位置。先照准左方目标,即后视 A 点,读取盘左读数 $a_左$,并记入测回法测角记录表中(表 2-1-1)。然后顺时针转动照准部照准右方目标,即前视 C 点,读取水平度盘读数 $c_左$,并记入表中。以上称为上半测回,其观测角值为:

$$\beta_左 = c_左 - a_左 \tag{2-1-3}$$

测回法测角记录表　　　　　　　　　表 2-1-1

测回数	测站	竖盘位置	目标	水平度盘读数 (° ′ ″)	半测回角值 (° ′ ″)	一测回平均角值 (° ′ ″)	各测回平均角值 (° ′ ″)	备注
1	B	左	A	0 00 06	78 48 48	78 48 39	78 48 44	
			C	78 48 54				
		右	A	180 00 36	78 48 30			
			C	258 49 06				
2	B	左	A	90 00 12	78 48 54	78 48 48		
			C	168 49 06				
		右	A	270 00 30	78 48 42			
			C	348 49 12				

②盘右位置。先照准右方目标,即前视 C 点,读取盘右读数 $c_右$,并记入表中。然后逆时针转动照准部照准左方目标,即后视 A 点,读取水平度盘读数 $a_右$,并记入表中。以上称为下半测回,其观测角值为:

$$\beta_右 = c_右 - a_右 \tag{2-1-4}$$

③上、下半测回合起来称为一测回。一般规定,用 DJ_6 级光学经纬仪进行观测,上、下半测回角值之差不超过 40″时,可取其平均值作为一测回的角值,即:

$$\beta = (\beta_左 + \beta_右)/2 \tag{2-1-5}$$

当测角精度要求较高时,往往需要多观测几个测回。为了减小水平度盘分划误差的影响,每测回起始方向读数,应根据测回数按照 $180°/n$ 递增变换水平度盘位置。如当测回数 $n = 3$ 时,各测回的起始方向读数应等于或略大于 $0°$、$60°$、$120°$。各测回角值互差符合《工程测量规范》(GB 50026—2007)规定时,取各测回角值的平均值作为最后结果。

（2）方向观测法

当测站上的方向观测数在3个或3个以上时,一般采用方向观测法,也称为全圆测回法或全圆观测法。

如图2-1-13所示,测站点为O点,观测方向有A、B、C、D 4个。在O点安置仪器,经对中、整平后开始观测,其步骤为：

①取盘左位置,在A、B、C、D 4个目标中选择一个标志十分清晰的点（如A点）作为零方向,并将度盘配置在0°或比0°稍大一点的读数处,照准目标A,读取水平度盘读数,记入表2-1-2相应栏内。

②顺时针转动照准部,依次观测B、C、D各点,分别读取读数记入表中。

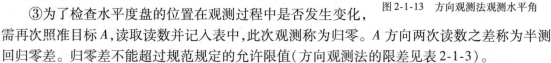

图2-1-13 方向观测法观测水平角

③为了检查水平度盘的位置在观测过程中是否发生变化,需再次照准目标A,读取读数并记入表中,此次观测称为归零。A方向两次读数之差称为半测回归零差。归零差不能超过规范规定的允许限值（方向观测法的限差见表2-1-3）。

方向观测法测角记录表　　　　　　　　　　　　　　　表2-1-2

测站	测回数	目标	水平度盘读数 盘左 (° ′ ″)	水平度盘读数 盘右 (° ′ ″)	2c (″)	平均读数 (° ′ ″)	归零方向值 (° ′ ″)	各测回平均归零方向值 (° ′ ″)	备注
1	2	3	4	5	6	7	8	9	10
O	1	A	0 02 42	180 02 42	0	(0 02 38) 0 02 42	0 00 00	0 00 00	
		B	60 18 42	240 18 30	+12	60 18 36	60 15 58	60 15 56	
		C	116 40 18	296 40 12	+6	116 40 15	116 37 37	116 37 28	
		D	185 17 30	5 17 36	−6	185 17 33	185 14 55	185 14 47	
		A	0 02 30	180 02 36	−6	0 02 33			
	2	A	90 01 00	270 01 06	−6	(90 01 09) 90 01 03	0 00 00		
		B	150 17 06	330 17 00	+6	150 17 03	60 15 54		
		C	206 38 30	26 38 24	+6	206 38 27	116 37 18		
		D	275 15 48	95 15 48	0	275 15 48	185 14 39		
		A	90 01 12	270 01 18	−6	90 01 15			

方向观测法的限差　　　　　　　　　　　　　　　表2-1-3

仪器型号	半测回归零差	一测回内2c值互差	同一方向值各测回互差
DJ$_2$	8″	13″	9″
DJ$_6$	18″	—	24″

上述全部工作称为上半测回。

④取盘右位置,按逆时针方向旋转照准部,依次瞄准A、D、C、B、A各目标,分别读取水平度盘读数并记入表中,称为下半测回。

上、下半测回合称为一测回。如需观测 n 个测回,则各测回仍按 $180°/n$ 变换度盘的起始位置。

⑤计算步骤:

a. 计算两倍照准差($2c$ 值)。理论上,相同方向的盘左、盘右观测值应相差 $180°$,实际可能存在偏差,该偏差称为两倍照准差或 $2c$ 值。

$$2c = 盘左读数 - (盘右读数 \pm 180°) \tag{2-1-6}$$

上式中,盘右读数大于 $180°$ 时取"$-$"号,盘右读数小于 $180°$ 时取"$+$"号。把 $2c$ 值填入表 2-1-2 中第 6 栏。一测回内各方向 $2c$ 值互差若超表 2-1-3 中的限值,应在原度盘位置上重测。

b. 计算各方向观测值的平均值。

$$平均读数 = \frac{1}{2}[盘左读数 + (盘右读数 \pm 180°)] \tag{2-1-7}$$

计算的结果称为方向值,填入表 2-1-2 中第 7 栏。因存在归零读数,则起始方向有两个平均值,应将这两个值再求平均,所得结果作为起始方向的方向值,填入该栏括号中。

c. 计算归零的方向值。将各方向的平均读数减去括号内的起始方向平均值,即得各方向的归零方向值,填入表 2-1-2 中第 8 栏。起始方向的归零值应为零。

d. 计算各测回归零后方向值的平均值。先计算各测回同一方向归零后的方向值之间的差值,对照表 2-1-3 看其互差是否超限,若未超限,则取各测回同一方向归零后方向值的平均值作为该方向的最后结果,填入表 2-1-2 中第 9 栏。

e. 计算各目标间的水平角值。将表 2-1-2 中第 9 栏相邻两方向值相减,即得各目标间的水平角值。

2. 竖直角观测方法

(1)竖直度盘的构造

竖直度盘固定在望远镜旋转轴的一端,随望远镜的转动而转动。竖直度盘的刻划与水平度盘基本相同,但其注字随仪器构造的不同分为顺时针和逆时针两种形式。

竖直度盘指标与竖直度盘指标水准管连在一个微动架上,转动竖直度盘指标水准管微动螺旋,可以改变竖直度盘分划线影像与指标线之间的相对位置。在正常情况下,当竖直度盘指标水准管气泡居中时,竖直度盘指标就处于正确位置。因此,在观测竖直角时,每次读取竖直度盘读数之前,都应先调节竖直度盘指标水准管的微动螺旋,使气泡居中。对于 DJ_6 级光学经纬仪竖盘与指标及指标水准管之间应满足下列关系:当视准轴水平,指标水准管气泡居中时,指标所指的竖盘读数值盘左为 $90°$,盘右为 $270°$。

目前光学经纬仪普遍采用了竖盘自动归零补偿装置来代替竖盘指标水准管,这种自动补偿装置的原理与自动安平水准仪补偿器原理基本相同。在正常情况下,若仪器竖轴有倾斜时,能获得竖盘指标在正确位置时的读数,在观测竖直角时,只要瞄准目标即可读数,从而简化了操作程序,提高了工作效率。

使用时,将自动归零补偿器锁紧手轮逆时针旋转,使手轮上红点对准照准部支架上黑点,再用手轻轻敲动仪器,如听到竖盘自动归零补偿器发出的叮当响声,表示补偿器处于正常工作状态,如听不到则表明补偿器有故障,可再次转动锁紧手轮,直到用手轻轻敲有响声为止。竖直角观测完毕,一定要顺时针旋转手轮,以锁紧补偿器,防止振坏吊丝。

(2)竖直角的计算公式

当经纬仪在测站上安置好以后,测角前,首先应依据竖盘的注记形式,推导出竖直角的计算公式。其具体做法如下:

①盘左位置把望远镜大致置于水平位置，这时竖盘读数值盘左约为90°，盘右约为270°，这个读数称为始读数。

②慢慢仰起望远镜，观测竖盘读数(盘左记为L，盘右记为R)，并与始读数相比，是增加还是减少。

③以盘左为例，若读数减小，则竖盘注记形式为顺时针注记，如图2-1-14所示；若读数增大，则竖盘注记形式为逆时针注记。

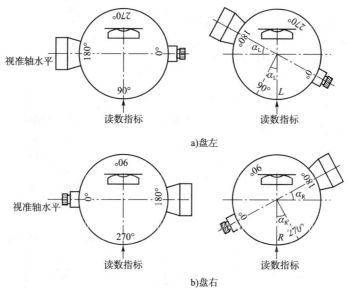

图2-1-14 竖直角计算

当竖盘为顺时针注记时，竖直角计算公式为：

$$\alpha_L = 90° - L \tag{2-1-8}$$

$$\alpha_R = R - 270° \tag{2-1-9}$$

当竖盘为逆时针注记时，竖直角的计算公式为：

$$\alpha_L = L - 90° \tag{2-1-10}$$

$$\alpha_R = 270° - R \tag{2-1-11}$$

上、下半测回角值较差不超过规定限值时，取平均值作为一测回竖直角值：

$$\alpha = \frac{1}{2}(\alpha_L + \alpha_R) \tag{2-1-12}$$

上述竖直角的计算公式是竖盘读数指标处在正确位置时导出的。即当视线水平、竖盘指标水准管气泡居中时，竖盘指标所指读数应为90°或270°。但当读数指标偏离正确位置时，指标线所指的读数相对于正确值就有一个小的角度偏差x，称为竖盘指标差。竖盘指标差x有正负之分，当读数指标偏移方向与竖盘注记方向一致时，x取正号，反之，x取负号。

如图2-1-15所示，对于顺时针刻划的竖直度盘，在有指标差时，盘左始读数为$90°+x$，则正确的竖直角应为：

$$\alpha = (90° + x) - L = \alpha_L + x \tag{2-1-13}$$

同样，盘右时正确的竖直角应为：

$$\alpha = R - (270° + x) = \alpha_R - x \tag{2-1-14}$$

将两式相加除以2得：

$$\alpha = \frac{1}{2}(\alpha_L + \alpha_R) \tag{2-1-15}$$

由此可知,在测量竖直角时,盘左、盘右观测取平均值作为最后结果,可以消除竖盘指标差的影响。

若将式(2-1-13)与式(2-1-14)相减,可得指标差计算公式:

$$x = \frac{1}{2}(\alpha_R - \alpha_L) = \frac{1}{2}(R + L - 360°) \tag{2-1-16}$$

指标差 x 可用来检查观测质量,如图 2-1-15 所示。对 DJ_6 级经纬仪来说,同一测站上观测不同目标时,指标差的变动范围不应超过 25″。当只用盘左或盘右观测时,可先测定指标差,在计算竖直角时加入指标差改正即可。

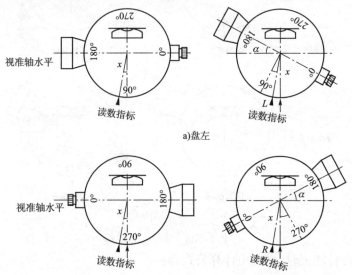

图 2-1-15 竖盘指标差

(3)竖直角的观测方法

竖直角也采用正、倒镜观测,观测步骤为:

①安置仪器于测站点上,经对中、整平后,盘左瞄准目标,使十字丝中丝精确切准目标,然后转动指标水准管微动螺旋使指标水准管气泡居中(或打开补偿器),读取竖盘读数 L,并记入竖直角观测表,如表 2-1-4 所示。

②望远镜旋转 180°,用盘右精确照准原目标,使十字丝的中丝与目标相切。转动指标水准管微动螺旋使其气泡居中(或打开补偿器),读取竖盘读数 R,并记入表 2-1-4。

竖直角观测记录表　　　　　　　　　　表 2-1-4

测站	目标	竖盘位置	竖盘读数 (° ′ ″)	半测回竖直角 (° ′ ″)	指标差 (″)	一测回竖直角 (° ′ ″)	备 注
O	A	左	71 12 36	+18 47 24	−12	+18 47 12	盘左位置
		右	288 47 00	+18 47 00			
	C	左	96 18 42	−6 18 42	−9	−6 18 51	
		右	263 41 00	−6 19 00			

③根据竖盘注记形式选用竖直角计算公式。将 L、R 带入相应公式,便可计算出竖直角。为了消除仪器的误差,提高测量精度,应取盘左、盘右结果的平均值作为竖直角值。

需要说明的是:竖直指标差属于仪器本身的误差,一般情况下,竖盘指标差的变化很小,可视为定值,如果观测各目标时计算的竖盘指标差变动较大,说明观测质量较差。通常规定 DJ_6 级经纬仪竖盘指标差的变动范围不应超过 $±15″$。

3. 经纬仪的检验与校正

为了保证测角的精度,经纬仪主要部件及轴系(图 2-1-16)应满足下述几何条件,即:照准部水准管轴应垂直于仪器竖轴($LL \perp VV$),十字丝纵丝应垂直于横轴,视准轴应垂直于横轴($CC \perp HH$),横轴应垂直于仪器竖轴($HH \perp VV$),竖盘指标差应为零,光学对中器的视准轴应与仪器竖轴重合。

视准轴 CC:十字丝交点与物镜光心的连线。

竖轴 VV:仪器的旋转轴。

横轴 HH:望远镜的旋转轴。

水准管轴 LL:过水准管零点的切线。

圆水准器轴 $L'L'$:过圆水准器零点的球面法线。

由于仪器经过长期外业使用或受长途运输及外界影响等,会使各部分轴线的几何关系发生变化,因此,在使用前必须对仪器进行检验和校正。

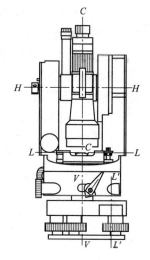

图 2-1-16 经纬仪的轴系

(1)照准部水准管轴垂直于竖轴的检验校正

目的:当照准部水准管气泡居中时,应使水平度盘水平,竖轴铅垂。

检验:将仪器安置好后,使照准部水准管平行于一对脚螺旋的连线,转动这对脚螺旋使气泡居中。再将照准部旋转 180°,若气泡仍居中,说明条件满足,即水准管轴垂直于仪器竖轴,否则应进行校正。

校正:如图 2-1-17a)所示,水准管气泡居中后,水准管轴水平,但竖轴倾斜,设其与铅垂线的夹角为 $α$。将照准部旋转 180°,如图 2-1-17b)所示,基座和竖轴位置不变,水准管轴与水平面的夹角为 $2α$。改正时,先用拨针拨动水准管校正螺旋,使气泡退回偏离量的一半(等于 $α$),如图 2-1-17c)所示,此时几何关系即得满足。再用脚螺旋调节水准管气泡居中,如图 2-1-17d)所示,这时水准管轴水平、竖轴竖直。

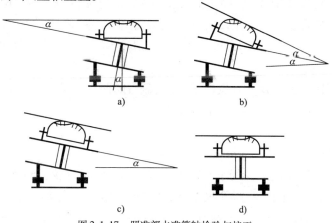

图 2-1-17 照准部水准管轴检验与校正

此项检验校正需反复进行,直到照准部转至任何位置,气泡中心偏离零点均不超过一格为止。

(2)圆水准器轴平行于竖轴的检验校正

检验:在第一项检验校正工作结束后,用水准管整平仪器,此时竖轴已经位于铅垂位置,若圆水准器气泡居中,则条件满足,否则需要校正。

校正:利用圆水准器的校正螺丝调节气泡直至居中位置。

(3)十字丝竖丝垂直于横轴的检验校正

目的:使十字丝竖丝垂直于横轴。当横轴居于水平位置时,竖丝处于铅垂位置。

检验:用十字丝交点精确瞄准一清晰目标点 P,然后固定照准部并旋紧望远镜制动螺旋,慢慢转动望远镜微动螺旋,使望远镜上下移动,如 P 点不偏离竖丝,则条件满足,否则需要校正,如图2-1-18所示。

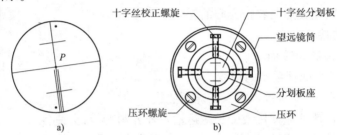

图2-1-18 十字丝竖丝的检验与校正

校正:旋下目镜分划板护盖,松开四个压环螺旋。如图2-1-18所示,慢慢转动十字丝分划板座,使竖丝重新与目标点 P 重合。反复调整,直到望远镜上下移动时竖丝始终与目标点重合。最后拧紧四个压环螺旋,旋上十字丝护盖。

(4)视准轴垂直于横轴的检验校正

目的:使望远镜的视准轴垂直于横轴。如果横轴水平,望远镜绕横轴旋转时,其视准轴的轨迹应是一个与横轴正交的铅垂面。如果视准轴不垂直于横轴,此时望远镜绕横轴旋转时,视准轴的轨迹是一个圆锥面。偏离的角值 c 称为视准轴误差或照准差,它是由于十字丝交点的位置不正确而产生的。

检验:在平坦的地区选择相距100m的 A、B 两点,在 AB 中点 O 点安置经纬仪,A 点设置一个与仪器等高的标志,在 B 点与仪器高度相等的位置横置一根刻有毫米分划的直尺,尺子与 OB 垂直。先用盘左位置瞄准 A 点,固定照准部,将望远镜旋转180°,在 B 尺上得读数 B_1,如图2-1-19a)所示。然后转动照准部,用盘右位置照准 A 点,固定照准部,再将望远镜旋转180°,在 B 尺上得读数 B_2,如图2-1-19b)所示。若 B_1 与 B_2 重合,说明视准轴垂直于横轴,否则需要校正。

设照准差为 c,则 $\overline{B_1B}$、$\overline{B_2B}$ 分别反映了盘左、盘右的两倍视准差 $2c$,且盘左、盘右读数产生的视准差符号相反。即 $\angle B_1OB_2 = 4c$,由此算得:

$$c \approx \frac{\overline{B_1B_2}}{4D}\rho'' \tag{2-1-17}$$

式中:D——仪器 O 点到 B 尺之间的水平距离。对于 DJ_6 级经纬仪,当 $c > 60''$ 时必须校正。

校正:如图2-1-19b)所示,保持 B 尺不动,并在尺上定出一点 B_3,使 $\overline{B_2B_3} = 1/4\overline{B_1B_2}$,此时 OB_3 便和横轴垂直。用拨针一松一紧拨动十字丝环的左右两个十字丝校正螺旋,平移十字丝分划板,直至十字丝交点与 B_3 点重合。这项检验校正也需要反复进行。

(5) 横轴垂直于竖轴的检验校正

目的:使横轴垂直于仪器竖轴。当横轴与竖轴垂直时,仪器整平后横轴水平,视准轴绕横轴旋转的轨迹是铅垂面,否则就是一个倾斜面。横轴不垂直于竖轴时,其偏离正确位置的角值 i 称为横轴误差。

检验:如图 2-1-20 所示,在距墙面约 30cm 处安置经纬仪,用盘左位置瞄准墙上一明显的标志点 P(要求仰角 $\alpha > 30°$),固定照准部后将望远镜放平,在墙上标出十字丝交点所对的位置 P_1。再用盘右瞄准 P 点,放平望远镜后,在墙上标出十字丝交点所对的位置 P_2。若 P_1 与 P_2 重合,说明横轴垂直于竖轴,否则应校正。

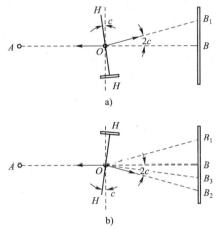

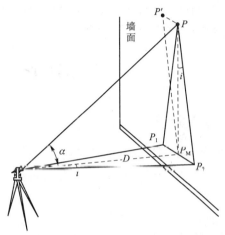

图 2-1-19 视准轴的检验与校正　　图 2-1-20 横轴的检验与校正

如图 2-1-20 所示,可得 i 角的计算公式为:

$$i = \frac{\overline{P_1P_2}}{2D\tan\alpha}\rho'' \tag{2-1-18}$$

对于 DJ_6 级经纬仪,若 $i > 20''$,则需要校正。

校正:用望远镜瞄准 P_1、P_2 直线的中点 P_M,固定照准部,然后抬高望远镜,使十字丝交点上移至与 P 点同高,因 i 角误差的存在,十字丝交点与 P 点必然不重合。校正时应打开支架盖,放松支架内的校正螺旋,转动偏心轴承环,使横轴一端升高或降低,将十字丝焦点对准 P 点。

经纬仪横轴密封在支架内,矫正的技术性较高。若需校正,应交专业维修人员进行。

(6) 视线水平时竖盘读数应为 90°或 270°的检验校正

目的:保证经纬仪在竖盘指标水准管气泡居中时,竖盘指标线处于正确的位置。

检验:安置好经纬仪,用盘左、盘右观测同一目标点,分别在竖盘指标水准管气泡居中时,读取盘左、盘右读数 L 和 R。计算指标差 x 值,若 x 超过 $\pm 1'$时,则需校正。

校正:经纬仪位置不动,仍用盘右瞄准原目标。转动竖盘指标水准管微动螺旋,使竖盘读数为不含指标差的正确值 $R - x$,此时气泡不再居中,然后用拨针调整竖盘指标水准管校正螺旋,使气泡居中。此项检验校正也需反复进行,直至 x 值在规定范围以内。

(7) 光学对中器的检验校正

目的:使光学对中器的视线与经纬仪的竖轴重合。

检验:安置好仪器,整平后在仪器下方地面放置一张白纸,将光学对中器分划圈中心投影到白纸上,并点绘标志点 P,如图 2-1-21a)所示。然后将照准部转动180°,如果此时对中器分划圈中心偏离 P 点而至 P' 点,说明对中器的视线与仪器竖轴不重合,需要校正。

校正:保持上述仪器状态不动,在白纸板上标出 P 点与 P' 点连线之中点 P''。调节光学对中器校正螺旋,使分划圈中心移至 P'' 点,如图 2-1-21b)所示。此项检验校正也需反复进行。

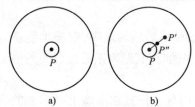

图 2-1-21 光学对中器的检验与校正

注:这七项检验校正的顺序不能颠倒,而且照准部水准管垂直于仪器竖轴的检校是其他项目检校的基础,这一条件不满足,其他几项检校就不能正确进行。另外,竖轴不铅垂对测角的影响不能用盘左、盘右两个位置观测而消除,所以此项检校也是主要的项目。其他几项,在一般情况下有的对测角影响不大,有的可通过盘左、盘右两个位置观测来消除其对测角的影响,因此是次要的检校项目。

工作任务二 钢尺量距

一、相关知识

距离测量是测量的基本工作之一,目的就是测量地面两点之间的水平距离。根据使用的工具和方法不同,常用距离测量方法有钢尺量距、视距测量、电磁波测距和 GPS 测量等。

1. 量距工具

(1)钢尺

钢尺量距的工具是钢尺,又称钢卷尺。尺的宽度为 10~15mm,厚度为 0.3~0.4mm,长度有 20m、30m、50m、100m 等几种。钢尺最小分划到毫米,有的钢尺仅在 0~1dm 之间分划到毫米,其他部分分划到厘米。在分米和米的分划处,注有数字注记。钢尺卷在圆形金属盒中或金属尺架内,便于携带使用,如图 2-2-1 所示。

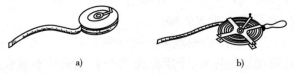

图 2-2-1 钢卷尺

钢卷尺由于尺的零点位置不同,有刻线尺和端点尺之分,如图 2-2-2 所示。刻线尺是在尺上刻出零点的位置;端点尺是以尺的端部、金属环的最外端为零点,从建筑物的边缘开始丈量时用端点尺会很方便。

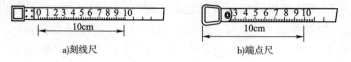

图 2-2-2 刻线尺和端点尺

(2)钢尺量距的辅助工具

钢尺量距的辅助工具有测钎、标杆、垂球等,如图 2-2-3 所示。测钎亦称测针,用直径 5mm 左右的粗钢丝制成,长 30~40cm,上端弯成环形,下端磨尖,一般以 11 根为一组,穿在铁环中,用来标定尺的端点位置和计算整尺段数;标杆又称花杆,直径 3~4cm,长 2~3m,杆身涂以 20cm 间隔的红、白漆,下端装有锥形铁尖,主要用于标定直线方向;垂球用于在不平坦地面丈量时将钢尺的端点垂直投影到地面。当进行精密量距时,还需配备弹簧秤和温度计,如图 2-2-4 所示。弹簧秤用于对钢尺施加规定的拉力,温度计用于测定钢尺量距时的温度,以便对钢尺丈量的距离施加温度改正。

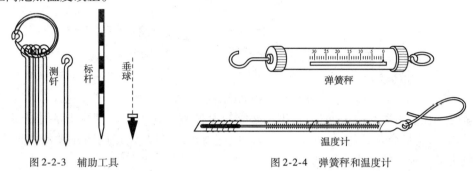

图 2-2-3　辅助工具　　　　　　　图 2-2-4　弹簧秤和温度计

2. 直线定线

当地面两点之间的距离大于钢尺的一个整尺段或地势起伏较大时,为方便量距工作,需要分成若干个尺段进行丈量,这就需要在直线的方向上插上一些标杆或测钎,在同一直线上定出若干点,这项工作称为直线定线。直线定线的目的是使这些分段点在待量直线端点的连线上,其方法有以下两种。

(1) 两点间目测定线

目测定线是适用于钢尺量距的一般方法。如图 2-2-5 所示,设 A 和 B 为地面上相互通视、待测距离的两点,现要在直线 AB 上定出 1、2 等分段点。先在 A、B 两点上竖立花杆,甲站在 A 杆后约 1m 处,指挥乙左右移动花杆,直到甲在 A 点沿标杆的同一侧看见 A、1、B 三点处的花杆在同一直线上。用同样方法可定出 2 点。直线定线一般由远到近,即先定出 1 点,再定 2 点。

(2) 经纬仪定线

当直线定线精度要求较高时,可用经纬仪定线。如图 2-2-6 所示,欲在 AB 直线上精确定出 1、2、3 点的位置,可将经纬仪安置于 A 点,用望远镜照准 B 点,固定照准部制动螺旋,然后将望远镜向下俯视,将十字丝交点投测到木桩上,并钉上小钉以确定出 1 点的位置。同法标定出 2、3 点的位置。

图 2-2-5　目测定线　　　　　　　图 2-2-6　经纬仪定线

二、任务实施

1. 平坦地面的距离丈量

丈量工作一般由两人以上进行。如图 2-2-7 所示,沿地面直接丈量水平距离时,可先在地面上定出直线方向,丈量时后尺手持钢尺零点一端,前尺手持钢尺末端和一组测钎沿 AB 方向前进,行至一尺段处停下,后尺手指挥前尺手将钢尺拉在 AB 直线上,后尺手将钢尺的零点对准 A 点,当两人同时把钢尺拉紧后,前尺手在钢尺末端的整尺段长分划处竖直插下一根测钎得到 1 点,即量完一个尺段。前、后尺手抬尺前进,当后尺手到达插测钎处时停住,再重复上述操作,量完第二尺段。后尺手拔起地上的测钎,依次前进,直到量完AB直线上的最后一段为止。

图2-2-7 平坦地面的距离丈量

丈量时应注意沿着直线方向进行,钢尺必须拉紧伸直且无卷曲。直线丈量时尽量先以整尺段丈量,最后丈量余长,以方便计算。丈量时应记清楚整尺段数,或用测钎数表示整尺段数,然后逐段丈量。则直线的水平距离D按下式计算:

$$D = nl + \Delta l \tag{2-2-1}$$

式中:l——钢尺的一整尺段长;

n——整尺段数;

Δl——不足一整尺的零尺段长。

接着用以上方法从B点到A点进行返测,然后再依据式(2-2-1)计算出返测的距离。一般往返各丈量一次称为一测回,在符合精度要求时,取往返距离的平均值作为丈量结果。量距记录表见表2-2-1。

量 距 记 录 表　　　　　　　　表2-2-1

工程名称:××		日期:2012.3.2		量距:×××:×××		
钢尺型号:30m		天气:晴天		记录:×××		
测线		整尺段(m)	零尺段(m)	总计(m)	较差(m)	精度	平均值(m)	备注
AB	往	5×30	13.863	163.863	0.068	1/2 400	163.829	要求 1/2 000
	返	5×30	13.795	163.795				

2.倾斜地面的距离丈量

(1)平量法

若地面高低起伏不平,可将钢尺拉平丈量。如图2-2-8所示,丈量由A点向B点进行,后尺手将尺的零端对准A点,前尺手将尺抬高,并且目估使尺子水平,用垂球尖将尺段的末端投于AB方向线的地面上,再插以测钎。依次进行,直到丈量出AB的水平距离。若地面倾斜较大,将钢尺整尺拉平有困难时,可将一尺段分成几段进行平量。

(2)斜量法

当倾斜地面的坡度比较均匀时,如图2-2-9所示,可沿斜面直接丈量出AB的倾斜距离D',测出地面倾斜角α或AB两点间的高差h,按式(2-2-2)或式(2-2-3)计算AB的水平距离D。

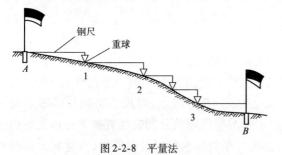

图2-2-8 平量法　　　　　　　　图2-2-9 斜量法

$$D = D'\cos\alpha \tag{2-2-2}$$

或

$$D = \sqrt{D'^2 - h^2} \tag{2-2-3}$$

3.丈量成果处理及精度评定

为了防止丈量中发生错误,提高量距精度,需要进行往返丈量。若精度合乎要求,取往返平均数作为丈量的最后结果。将往返丈量的距离之差与平均距离之比化成分子为1的分数,称之为相对误差K,可用它来衡量丈量结果的精度。即:

$$K = \frac{|D_{往} - D_{返}|}{D_{平均}} = \frac{1}{\dfrac{D_{平均}}{|D_{往} - D_{返}|}} \tag{2-2-4}$$

由式(2-2-4)可知,分母越大,则K值越小,精度越高;反之,精度越低。量距精度取决于工程的要求和地面起伏的情况,在平坦地区,钢尺量距的相对误差一般不应大于1/2 000;在丈量较困难的地区,其相对误差也不应大于1/1 000。

A、B两点的往测距离为187.530m,返测距离为187.580m,往返平均数为187.555m,则相对误差为$K = \dfrac{|187.530 - 187.580|}{187.555} = \dfrac{1}{3\ 751} < \dfrac{1}{2\ 000}$,符合要求。

工作任务三　直 线 定 线

一、相关知识

在测量工作中常常需要确定两点平面位置的相对关系,此时仅仅测得两点间的距离是不够的,还需要知道这条直线的方向,才能确定两点间的相对位置。在测量工作中,一条直线的方向是根据某一标准方向来确定的,确定直线与标准方向之间的夹角关系,称为直线定向。

1.标准方向

(1)真子午线方向

通过地球表面某点的真子午线的切线方向,称为该点的真子午线方向,其指向地球南北极。真子午线方向是用天文测量方法或者陀螺经纬仪测定的。

(2)磁子午线方向

在地球磁场的作用下,磁针自由静止时其轴线所指的方向(磁南北方向),称为磁子午线方向,其指向磁地轴。磁子午线方向可用罗盘仪测定。

由于地磁两极与地球两极不重合,致使磁子午线与真子午线之间形成一个夹角δ,称为磁偏角。磁子午线北端偏于真子午线以东为东偏,δ为正;以西为西偏,δ为负。

(3)坐标纵轴方向

测量中常以通过测区坐标原点的坐标纵轴作为标准方向,测区内通过任一点与坐标纵轴平行的方向线,称为该点的坐标纵轴方向。

真子午线与坐标纵轴间的夹角γ称为子午线收敛角。坐标纵轴北端在真子午线以东为东偏,γ为正;以西为西偏,γ为负。

图2-3-1给出了三种标准方向间关系的一种情况,δ_m为磁针对坐标纵轴的偏角。

由于我国位于北半球,测量中所用的标准方向又称为真北方向、磁北方向和坐标纵轴北方向。

2. 直线方向的表示方法

测量工作中,通常用方位角表示直线方向。由标准方向的北端起,按顺时针方向量到某直线的水平角,称为该直线的方位角,角值范围为 0°~360°。由于采用的标准方向不同,直线的方位角有如下三种。

(1)真方位角

从真子午线方向的北端起,按顺时针方向量至某直线间的水平角,称为该真线的真方位角,用 A 表示。

(2)磁方位角

从磁子午线方向的北端起,按顺时针方向量至某直线间的水平角,称为该直线的磁方位角,用 A_m 表示。

(3)坐标方位角

从平行于坐标纵轴方向线的北端起,按顺时针方向量至某直线的水平角,称为该直线的坐标方位角,以 α 表示。

3. 正、反坐标方位角

测量工作中的直线都具有一定的方向,如图 2-3-2 所示,以 A 点为起点,B 点为终点的直线 AB 的坐标方位角 α_{AB},称为直线 AB 的正坐标方位角。而直线 BA 的坐标方位角 α_{BA},称为直线 AB 的反坐标方位角。同理,α_{BA} 为直线 BA 的正坐标方位角,α_{AB} 为直线 BA 的反坐标方位角。由图 2-3-2 中可以看出,正、反坐标方位角间的关系为:

$$\alpha_{BA} = \alpha_{AB} \pm 180° \tag{2-3-1}$$

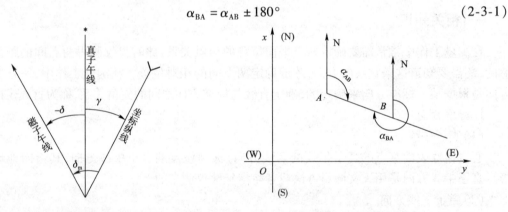

图 2-3-1　三种标准方向间的关系　　　　图 2-3-2　正、反坐标方位角

二、任务实施

1. 罗盘仪的构造

罗盘仪(图 2-3-3)是测量直线磁方位角的仪器,构造简单,使用方便,但精度不高,外界环境对仪器的影响较大,如钢铁建筑和高压电线都会影响其精度。

当测区内没有国家控制点可用,需要在小范围内建立假定坐标系的平面控制网时,可用罗盘仪测量磁方位角,作为该控制网起始边的坐标方位角。

罗盘仪的主要部件有磁针、刻度盘、望远镜和基座,如图 2-3-4 所示。

(1)磁针

磁针用人造磁铁制成,在度盘中心的顶针尖上可自由转动。为了减轻顶针尖的磨损,在不用时,可用位于底部的固定螺旋升高杠杆,将磁针固定在玻璃盖上。

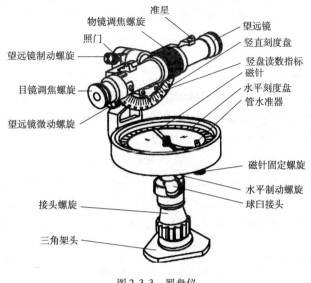

图 2-3-3 罗盘仪

（2）刻度盘

用钢或铝制成的圆环,随望远镜一起转动,每隔10°有一注记,按逆时针方向从0°注记到360°,最小分划为1°或30′。刻度盘内装有一个圆水准器或者两个相互垂直的管水准器,用手控制气泡居中,使罗盘仪水平。

（3）望远镜

与经纬仪的望远镜结构基本相似,也有物镜对光螺旋、目镜对光螺旋和十字丝分划板等,其望远镜的视准轴与刻度盘的0°分划线共面,如图2-3-5所示。

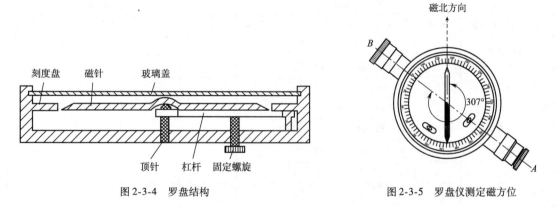

图 2-3-4 罗盘结构　　　　　　　　图 2-3-5 罗盘仪测定磁方位

（4）基座

采用球臼结构,松开球臼接头螺旋,可摆动刻度盘,使水准气泡居中,度盘处于水平位置,然后拧紧接头螺旋。

2.用罗盘仪测定直线磁方位角的方法

欲测直线 AB 的磁方位角,将罗盘仪安置在直线起点 A,挂上垂球对中;松开球臼接头螺旋,用手前、后、左、右转动刻度盘,使水准器气泡居中;拧紧球臼接头螺旋,使仪器处于对中和整平状态。松开磁针固定螺旋,让它自由转动,然后转动罗盘,用望远镜照准 B 点标志,待磁针静止后,按磁针北端(一般为黑色一端)所指的度盘分划值读数,即为直线 AB 的磁方位角,

29

如图 2-3-5 所示。

使用时,要避开高压电线并避免铁质物体接近罗盘,在测量结束后,要旋紧固定螺旋将磁针固定。

习 题

1. 什么是水平角？在同一竖直面内瞄准不同高度的点在水平度盘上的读数是否相同？
2. 什么是竖直角？在同一竖直面内瞄准不同高度的点在竖直度盘上的读数是否相同？
3. 对中的目的是什么？整平的目的是什么？
4. 经纬仪有几条几何轴线？它们之间应满足什么关系？
5. 在测站点 C 上用一台 DJ_6 经纬仪,按测回法观测水平角 $\angle ACB$。盘左观测 A、B 方向水平度盘读数分别为 $L_A = 331°38'42''$、$L_B = 71°54'12''$,盘右观测 B、A 方向水平度盘读数分别为 $R_B = 251°54'24''$、$R_A = 151°38'36''$,试在题表 2-1 中进行记录,并计算 $\angle ACB$。

测回法观测记录表　　　　　　　　　　　　　　　题表 2-1

测站	盘位	目标	水平度盘读数 (° ′ ″)	半测回角值 (° ′ ″)	一测回角值 (° ′ ″)	备注

6. 计算题表 2-2 中全圆测回法水平角外业观测记录。

全圆测回法观测记录表　　　　　　　　　　　　　题表 2-2

测站	测回数	目标	水平度盘读数 盘左 (° ′ ″)	水平度盘读数 盘右 (° ′ ″)	2c	平均读数 (° ′ ″)	归零方向值 (° ′ ″)	各测回平均归零方向值 (° ′ ″)	角值 (° ′ ″)
O	1	A	0　01　00	180　01　02					
		B	62　15　24	242　15　48					
		C	107　38　42	287　39　06					
		D	185　29　06	5　29　12					
		A	0　01　06	180　01　18					
	2	A	90　01　36	270　01　42					
		B	152　15　54	332　16　06					
		C	197　39　24	17　39　30					
		D	275　29　42	95　29　48					
		A	90　01　36	270　01　48					

7. 观测水平角和竖直角有哪些相同点和不同点？
8. 某观测记录如题表 2-3 所列,计算出瞄准各目标时竖直角值。
9. 什么是直线定线？如何进行直线定线？
10. 影响量距精度的因素有哪些？如何提高量距的精度？
11. 什么是直线定向？为什么要进行直线定向？

竖直角观测记录表　　　　　　　　题表2-3

测站	目标	盘位	竖直度盘读数 (° ′ ″)	竖直角 半测回值 (° ′ ″)	指标差 (″)	一测回值 (° ′ ″)	备 注
O	1	L	72 18 18				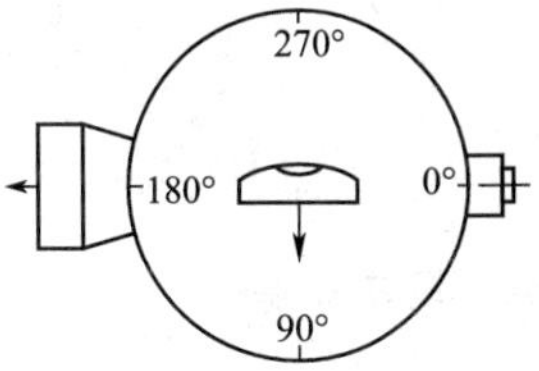
		R	287 42 00				
	2	L	96 32 48				
		R	263 27 30				

12. 同一直线的正反方位角有什么关系？

13. 测量上作为定向依据的基本方向线有哪些？

14. 用钢尺丈量 AB 及 AC 两段直线，记录如题表2-4所示，求两直线的距离及丈量精度。

题表2-4

测线		整尺段 (m)	零尺段(m)		总长 (m)	较差 (m)	平均值 (m)	精 度	备 注
			一	二					
AB	往测	9×30	12.35						
	返测	9×30	12.43						
AC	往测	11×30	14.61	9.37					
	返测	11×30	9.44	14.44					

模块三 高程测量

📖 **学习目标**

本模块介绍了水准测量的原理,水准仪的构造和使用,普通水准测量,三、四等水准测量,水准测量成果的计算和微倾式水准仪的检验与校正等内容。通过本模块的学习,应理解水准测量的基本原理,了解水准仪的基本构造,掌握 DS_3 微倾式水准仪的使用方法,掌握水准测量的施测方法和内业计算,能够进行 DS_3 水准仪的检验和校正,了解水准测量的误差和其他水准仪的基本特点。

📖 **学习要求**

知识要点	能力要求	相关知识
水准测量原理	(1)理解高差法测定待定点的高程 (2)理解视线高法测定待定点的高程	(1)前、后视尺,前后视读数 (2)高差测定式 $h_{AB}=a-b$ (3)视线高
水准仪及其使用	(1)认识 DS_3 型水准仪的构造 (2)掌握 DS_3 型水准仪的使用方法 (3)掌握水准尺的读数方法	(1)水准仪的各个部件及其功能 (2)水准尺的读数 (3)水准仪的操作步骤
水准测量的施测与内业计算	(1)能进行普通水准测量的观测、记录和计算 (2)能够根据水准测量的外业测量数据进行内业成果计算 (3)能够在测量中采取减小误差的有效措施	(1)普通水准测量的基本步骤 (2)水准测量成果的计算 (3)水准测量的误差来源及消减办法
水准仪的检验与校正	(1)水准仪轴线应满足的几何条件 (2)掌握水准仪的检验与校正	(1)圆水准器的检验与校正 (2)十字丝横丝的检验与校正 (3)水准管的检验与校正

工作任务一 水 准 测 量

一、相关知识

测定地球表面上点的高程的工作,称为高程测量。它是测量中的一项基本工作,也是测量三要素之一。高程测量按使用的仪器和实测的方法不同,可分为水准测量、三角高程测量、气压高程测量、GPS 定位测量等形式。

水准测量是利用水准仪和水准尺,根据水平视线测定两点间的高差,是高程测量中精度较高且最常用的一种方法,一般适用于平坦地区。

三角高程测量是用经纬仪和测距仪测定竖直角和距离,按三角原理计算两点间的高差,适用于非平坦地区。

气压高程测量是利用气压计,根据地面点高程不同大气压也不相同的物理性质,来测算两点的高差,一般用于踏勘测量和路线的初测。根据上述方法测得高差,由一点已知高程,就可推算出其他各点的高程。

GPS 定位测量是利用地面上 GPS 接收机接收从空中某几颗(4 颗或 4 颗以上)卫星在空间运行轨道上同一瞬时发出的超高频无线电信号,以测定地面点至这几颗卫星的空间距离,然后用距离交会法,求得地面点的空间位置(包括高程)。

为了统一全国的高程系统,我国采用与黄海平均海水面相吻合的大地水准面作为全国高程系统的基准面,其高程值为 72.260m,设该面上各点的绝对高程(海拔)为零。

将已测定高程的点设置固定标志,作为高程测量的依据,这些点称为水准点,用 BM 表示(英文 BenchMark 的缩写)。国家水准点的测定是由国家测绘部门按照由高精度到低精度逐级控制的方法,依据水准原点高程,在全国设立的统一的高程控制系统。国家水准测量按施测精度分为一、二、三、四 4 个等级。水准点标石如图 3-1-1 所示,图 a)为埋设于地下的永久性水准点,图 b)为固定建筑物上的墙上水准点。

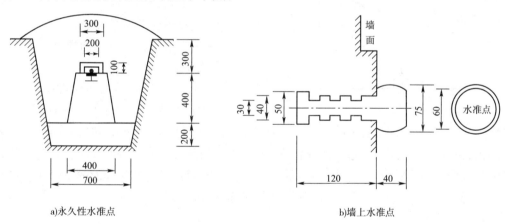

a)永久性水准点　　　　　　　　b)墙上水准点

图 3-1-1　国家水准点标石式样(尺寸单位:mm)

工程建设中,水准点的等级一般为三、四等水准点。《工程测量规范》(GB 50026—2007)规定,工程用水准点布设间距为:工厂区小于 1km,一般地区 1～3km。根据工程需要,各行业规范都有具体要求。水准点有永久性水准点和临时性水准点。永久性水准点一般用混凝土制成,如图 3-1-2 所示。临时性水准点可钉设木桩或在坚硬岩石、建筑物基础顶面的突出部位用油漆标出点位,如图 3-1-3 所示。水准点应埋设在土质坚硬、使用方便、能长期保存的地方。埋设后,应根据周围地形、明显地物绘出草图,图上注明点的位置和编号,如 BM_1、BM_2、BM_3 等以方便查找使用。这样的草图称为水准点之记,如图 3-1-4 所示。

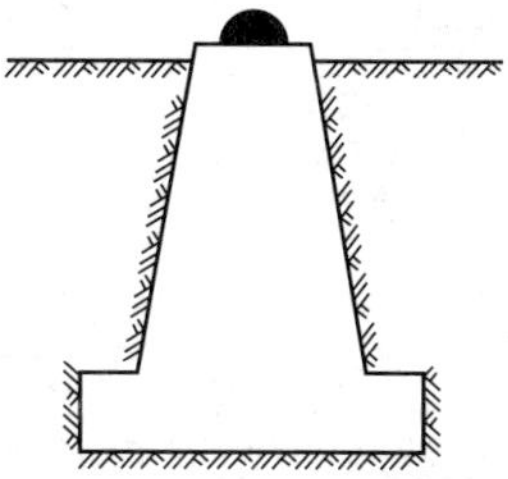

图 3-1-2　永久性水准点

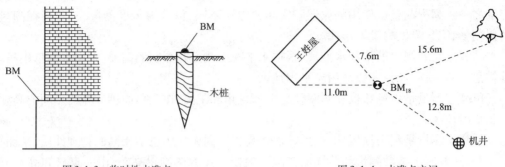

图 3-1-3 临时性水准点　　　　图 3-1-4 水准点之记

二、任务实施

1. 水准测量原理

如图 3-1-5 所示,已知点 A 的高程为 H_A,欲求待定点 B 的高程 H_B。当两点相距较近时,在 A、B 两点中间安置水准仪,在 A、B 两点分别铅直竖立水准尺,利用水准仪提供的水平视线在两尺上分别读得视线截尺读数 a 和 b。A、B 两点间的高差为:

$$h_{AB} = a - b \tag{3-1-1}$$

式中:a——已知高程点 A 上的水准尺读数,称为后视读数;

b——待求高程点 B 上的水准尺读数,称为前视读数;

A——已知点,称为后视点;

B——待测高程点,称为前视点。

若用文字表示,则有:

h_{AB} = 后视读数 - 前视读数

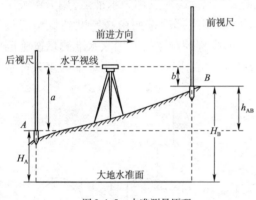

图 3-1-5 水准测量原理

实际上高差 h_{AB} 有正有负。由式(3-1-1)可知,当 $a>b$ 时,h_{AB} 值为正,表示前视点比后视点高,地形为上坡;当 $a<b$ 时,h_{AB} 值为负,表示前视点比后视点低,地形为下坡。但无论 h_{AB} 值为正或为负,式(3-1-1)始终成立。为避免计算中发生正负号上的错觉,在书写高差 h_{AB} 的符号时,必须注意 h 的脚标,前面的字母代表已知点的点号,也就是说 h_{AB} 表示由已知高程的 A 点推算至未知高程的 B 点的高差。

2. 高程计算方法

测量工作中,根据不同的需要,高程的计算一般有两种方法,即高差法和视线高法。

(1) 高差法

利用两点间的高差计算未知点高程的方法,称为高差法。从图 3-1-5 中可以得出计算公式:

$$H_B = H_A + h_{AB}$$

或

$$H_B = H_A + (a - b) \tag{3-1-2}$$

【例 3-1-1】如图 3-1-5 所示,已知 A 点的高程 $H_A = 382.996$m,待测点为 B 点,在两点之间安置水准仪,读取后视读数 $a = 1.568$m,前视读数 $b = 0.866$m。计算待测点高程 H_B。

解: B 点相对于 A 点的高差为:

$$h_{AB} = a - b = 1.568 - 0.866 = 0.702(\text{m})$$

B 点的高程为：

$$H_B = H_A + h_{AB} = 382.996 + 0.702 = 383.698(\text{m})$$

或

$$H_B = H_A + (a - b) = 382.996 + (1.568 - 0.866) = 383.698(\text{m})$$

（2）视线高法

当安置一次仪器，根据一个后视点的高程，需要测定多个前视点的高程时，利用仪器高程来计算多个未知点高程的方法，称为视线高法，也称为仪器高法。如图 3-1-6 所示，A 点的高程为已知，可以得出未知点 B、C 的高程。计算公式如下：

视线高程
$$H_i = H_A + a \tag{3-1-3}$$

B 点高程
$$H_B = H_i - b_1 \tag{3-1-4}$$

C 点高程
$$H_C = H_i - b_2 \tag{3-1-5}$$

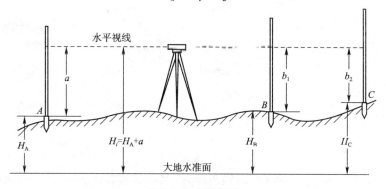

图 3-1-6 视线高法

【例 3-1-2】如图 3-1-6 所示，已知 A 点的高程 $H_A = 80.996\text{m}$，待测点为 B、C 点，在适当位置安置水准仪，读取后视 A 点立尺读数 $a = 1.265\text{m}$，读得各待定点立尺读数 $b_1 = 0.963\text{m}$、$b_2 = 0.763\text{m}$，计算待测点 B、C 的高程。

视线高程
$$H_i = H_A + a = 80.996 + 1.265 = 82.261(\text{m})$$

B 点高程
$$H_B = H_i - b_1 = 82.261 - 0.963 = 81.298(\text{m})$$

C 点高程
$$H_C = H_i - b_2 = 82.261 - 0.763 = 81.498(\text{m})$$

3. 水准仪构造及作用

水准仪是提供水平视线的仪器。水准仪按其精度分为 $DS_{0.5}$、DS_1、DS_3 和 DS_{10} 等几种等级。代号中的"D"和"S"分别为大地测量仪器和水准仪汉语拼音的第一个字母，其下标数值 0.5、1、3 表示仪器精度，为每公里高差中数的中误差，以毫米（mm）计。$DS_{0.5}$、DS_1 适用于精密水准测量，DS_3 适用于普通水准测量，是常用的一种仪器。DS_3 型水准仪如图 3-1-7 所示。

水准仪的构造主要由：望远镜、水准器和基座三部分组成。

图 3-1-7　DS₃ 型水准仪

1-外瞄准器；2-目镜；3-管水准器；4-圆水准器；5-定平螺旋；6-物镜；7-水平制动螺旋；8-基座；9-目镜对光螺旋；10-物镜对光螺旋；11-微倾螺旋；12-水平微动螺旋

(1) 望远镜

如图 3-1-8 所示，望远镜由物镜、目镜和十字丝分划板三个主要部件组成。它的主要作用是提供观测视线，放大物像和十字丝。

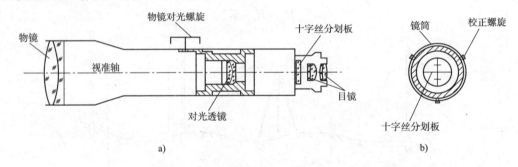

图 3-1-8　望远镜的构造

物镜的作用是将远处的目标在望远镜内成像，转动物镜对光螺旋能使远近水准尺上的分划成像清晰。目镜是一个放大镜，能将物像和十字丝同时放大，转动目镜可使十字丝清晰。十字丝分划板是刻有十字丝的透明玻璃板，安装在目镜前端，由水平丝（横丝）和纵丝组成，且水平丝与纵丝相互垂直。十字丝的作用是瞄准目标，横丝用于读取水准尺读数。十字丝分划板上下两根短丝称为视距丝，用于视距距离测量。物镜光心与十字丝交点的连线称为望远镜的视准轴，即视线。

(2) 水准器

水准器是用来标志视线是否水平、仪器竖轴是否铅直的一种装置。水准器有管状水准器和圆水准器两种。

管状水准器结构如图 3-1-9 所示。管状水准器也称水准管，上面刻有分划线，分划线的中点 M 称为水准管零点。过零点与内壁圆弧相切的切线 LL，称为水准管轴。通过制造工艺使水准管内形成一个气泡，当水准管的气泡中点与水准管零点重合时，称水准管气泡居中，此时水准管轴水平，如图 3-1-10 所示。为了提高目估水准管气泡的居中精度，现代水准仪安装了符合水准器，它是将一棱镜组安装在水准管的上方，如图 3-1-11a) 所示。借助棱镜的折射作用，把气泡两端的各半边影像反映在望远镜目镜旁的观察镜内，图 3-1-11b) 表示气泡不居中。转动微倾螺旋可使两半边影像移动，当直线两侧半圆形气泡影像完全吻合则表示气泡居中，如图 3-1-11c) 所示。

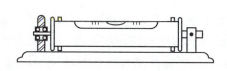
图3-1-9 管状水准器结构

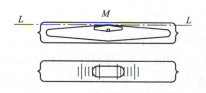
图3-1-10 水准管轴、水准管气泡

圆水准器结构如图3-1-12所示,球面中心刻有一个圆圈,圆圈中心称为圆水准器零点,过零点的球面法线称为圆水准器轴线。当气泡居中时,圆水准器轴线处于铅垂位置。由于它的灵敏度较水准管低,因此只能用于粗略整平仪器。圆水准器的底部有三个校正螺旋,用于校正仪器。使用仪器时勿碰动校正螺旋,以免破坏仪器轴线关系。

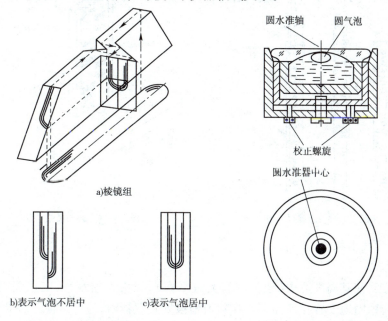

a)棱镜组

b)表示气泡不居中　　c)表示气泡居中

图3-1-11 符合水准器　　图3-1-12 圆水准器

根据仪器构造原理,仪器旋转轴与圆水准轴平行。当圆水准器气泡居中时,圆水准轴处于铅垂位置,达到粗略整平仪器;水准管轴与视准轴平行,当管水准器气泡居中时,视准轴水平,即视线水平。

(3)基座

基座由轴座、脚螺旋和连接板三部分组成。基座的作用是承托仪器上部,圆水准器与基座为一体,整个仪器用连接螺旋与三脚架连接。三个脚螺旋用于粗略整平仪器。水准仪旋转轴插在基座内,可使仪器在水平方向旋转。为控制仪器水平旋转,仪器装有水平制动螺旋、水平微动螺旋,其作用是旋紧制动螺旋时,望远镜不能转动,此时旋转微动螺旋,可使望远镜在水平方向做微小的转动。仪器做大的转动时,需放松制动螺旋。

(4)水准尺、尺垫

水准尺也称为标尺,如图3-1-13所示。目前常用的普通水准尺有塔尺和直尺两种,塔尺也称为箱尺,是用多节箱形尺套接在一起的标尺。这种尺携带方便,但容易产生接头误差,使用不当会产生下滑,因此要经常检查接头衔接及卡簧。直尺也称双面尺,整体性好,主要应用于三、四等水准测量。

水准尺通常采用铝合金、玻璃钢、优质木材制成,常用的塔尺一般为3m 三节套、5m 五节套,直尺为2m或3m。

水准尺的分划在塔尺的底部为零,尺上黑(红)白格相间,每格分划值为1cm或5mm,毫米是估读数。在每1 dm都有注字,每5cm都有注记,超过1m的注记加红点,一个红点表示1m,两个红点表示2m。注字有倒写和正写两种,分米的注字位置也有所不同,使用前一定要熟悉水准尺的分划和注记。

尺垫用生铁铸成,如图3-1-14所示,作用是提供可靠的转点,安放标尺。当地面松软或无突出稳固点可选时,放置尺垫可避免尺子下沉。土地上要将三个尖脚垫踩入地面,使尺垫稳固于地面上,其中间凸起的圆顶为立尺点。立尺时,尺底的前沿应立在圆顶上。

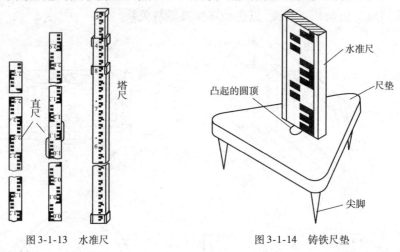

图3-1-13　水准尺　　　　　　　图3-1-14　铸铁尺垫

4. 水准仪的技术操作

(1)安置仪器

打开三脚架,使其高度适中(架头与肩大致平齐),架头大致水平,三条腿斜度要合适,不得过陡或过缓,稳固地安置在地面上。在斜坡地段安置仪器时,应注意使三脚架的两个架腿放在下坡一侧,另一架腿放在上坡一侧,将脚尖踩入土中固定,这样才能使仪器比较稳定。

打开仪器箱,看清楚仪器在箱中位置,用双手握住仪器的支架和基座部分,取出仪器,安放在架头上,一手握住仪器,另一只手马上拧紧连接螺旋,确认仪器已与三脚架牢接才可松手,随即锁闭仪器箱。

(2)粗略整平

粗略整平,简称粗平。粗平的目的是:使圆水准器气泡居中,仪器竖轴大致铅垂。操作方法:如图3-1-15a)所示,先用两手同时反向转动任意两个脚螺旋1、2,使气泡沿着1、2连线方向移动到过水准器零点且垂直于1、2连线的直线方向上;再单独转动脚螺旋3,使气泡居中,

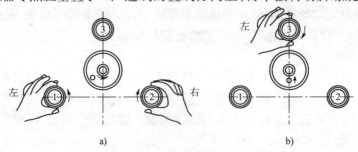

图3-1-15　粗略整平方法

如图 3-1-15b)所示。应注意,由于重力作用气泡始终处于最高位置,而脚螺旋顺时针升高、逆时针降低,调节时首先应判断转动某个螺旋及气泡移动方向。为了有效使用螺旋升降高度,应同时先相对转动两个脚螺旋,再转动另一个脚螺旋。

(3)照准目标

①目镜调焦。调节目镜对光螺旋,使十字丝清晰。

②概略照准。松开水平制动螺旋,水平转动望远镜,利用镜筒上的照门(缺口)和准星,使与目标三点成一线粗略照准,旋紧水平制动螺旋。

③物镜调焦。转动物镜对光螺旋,使标尺在望远镜内成像清晰。

④消除视差。如图 3-1-16 所示,当观测者对着目镜观测标尺成像时,眼睛上下移动,如果发现标尺与十字丝横丝有相互错动现象,即读数略有改变,称为视差。视差产生的原因是:物像没有成像在十字丝的竖平面上。视差的存在会使读数产生误差,有时有较大误差,故在读数前必须消除视差。消除方法是重新转动物镜对光螺旋,从而改变物像位置,使成像落在十字丝的竖平面上。如果仍然不能消除视差,则表示目镜调焦还不十分完善,应再重新进行目镜调焦,直到目标和十字丝没有相对错动现象为止。

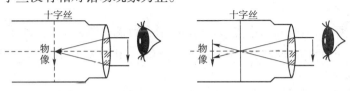

图 3-1-16 检查视差方法

⑤精确照准。转动微动螺旋,使尺像一边和十字丝纵丝重合或纵丝平分标尺。

(4)精平

精平的目的是使管水准器气泡居中,水准管轴水平。精平方法:如图 3-1-17 所示,缓慢转动微倾螺旋,顺时针转动左上右下,逆时针转动左下右上,使观察窗内气泡的两个半影像严格吻合。

(5)读数

精平后应立即读数,读数应以十字丝横丝为准,先估读毫米数,然后依次读出米、分米、厘米,再加上估读毫米。每次要记录四位数,若某一位为零,也必须读出并记录,不可省略,如 0.082、1.580 等。

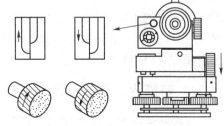

图 3-1-17 符合水准器操作

注意:① 读数前和读数后都要检查精平;② 由于圆水准器气泡居中精度低,所以望远镜每转动一个方向,必须再精平一次,然后才能读数。

读数练习:如图 3-1-18 所示,a)图读数为 1.714m,b)图读数为 0.023m,c)图读数为 2.510m。

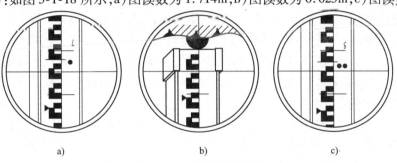

图 3-1-18 水准尺读数方法

工作任务二　普通水准测量

一、水准路线

水准路线是水准测量所经过的路线,在普通工程测量中,根据已知水准点的分布情况,水准路线布设成三种形式,如图3-2-1所示。

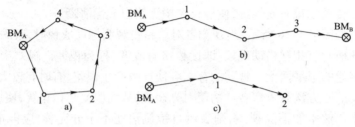

图 3-2-1　水准路线

1. 闭合水准路线

如图 3-2-1a) 所示,从已知水准点 BM_A 出发,沿各待测高程点 1、2、3、4 进行水准测量,最后回到原水准点 BM_A 上的环形路线,称为闭合水准路线。闭合水准路线常用于环形区域。

2. 附合水准路线

如图 3-2-1b) 所示,从已知水准点 BM_A 出发,沿各待测高程点 1、2、3 进行水准测量,最后附合到另一个水准点 BM_B 上结束所构成的路线,称为附合水准路线。附合水准路线常用于带状区域。

3. 支水准路线

如图 3-2-1c) 所示,从已知水准点 BM_A 出发,沿待测高程点 1、2 进行水准测量,其路线既不闭合回原来的水准点 BM_A 上,也不附合到另外的水准点上,而是形成一条支线,称为支线水准路线,简称支水准路线。支水准路线应进行往返测量,往测高差总和理论上应与返测高差总和大小相等、符号相反。

二、普通水准测量施测方法

水准测量一般是从已知水准点开始,经过待定点测量,形成一定的水准路线,求出待定点的高程。当已知点与待定点两点间相距不远,高差不大,且无视线遮挡时,只需安置一次水准仪就可测得两点间的高差。当两水准点间相距较远或高差较大或有障碍物遮挡视线时,仅安置一次仪器不可能测得两点间的高差,此时,可以把原水准路线分成若干段,依次连续安置水准仪测定各段高差,最后取各段高差的代数和,即得到起、终点间的高差(图3-2-2),其中安置仪器的位置称为测站。这些临时立尺点起传递高程的作用,称为转点。记录时,一般取转点两字汉语拼音第一个字母的简写 ZD 或取转点的英文字母缩写 TP。在转点上既有前视读数,又有后视读数(先作为待求高程的点,再作为已知高程的点),且转点应选在凸起、稳固坚实的地面点上,在松软、平整的地面应放置尺垫。

从图 3-2-2 可知,在 BM_A 点和所选 ZD_1 点立尺,在两点之间约中间位置安置水准仪,整平以后先照准 BM_A 点水准尺,转动微倾螺旋,使水准管气泡居中,读取后视读数 a_1(1.418),记录员立刻记录在水准测量记录表(表3-2-1)的后视读数栏内,并边记边复诵读数,以便观测员校核,防止听错记错。再照准 ZD_1 点水准尺,转动微倾螺旋,使水准管气泡居中,用同样的方法读取前视读数 $b_1(0.856)$,并记录在表 3-2-1 的前视栏内与测点同行,这就完成了一个测站的工作。保持转点 ZD_1 原地稳定不动,BM_A 的水准尺向前移到第二个转点 ZD_2,仪器安置在 ZD_1 和 ZD_2 之间,后视 ZD_1 点水准尺,前视 ZD_2 点水准尺,读取第二个测站上的后视读数 $a_2(1.376)$ 和前视读数 $b_2(1.673)$,这样又完成了第二个测站上的工作。用这种方法一直测至 BM_B 点。这样便测得每一测站的高差 h_i:

$$h_1 = a_1 - b_1$$
$$h_2 = a_2 - b_2$$
$$\cdots$$

将等式两端求和得:

$$h_n = a_n - b_n$$
$$h_{AB} = \sum h = \sum a - \sum b \tag{3-2-1}$$

式(3-2-1)说明两点的高差等于连续各段高差的代数和,也等于后视读数之和减去前视读数之和。

则待测点 H_B 的高程:

$$H_B = H_A + h_{AB} = H_A + \sum h = H_A + (\sum a - \sum b) \tag{3-2-2}$$

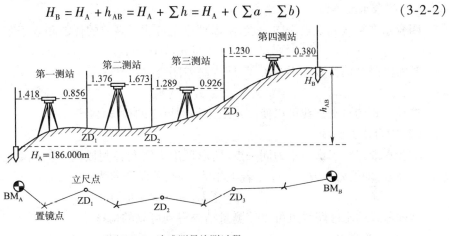

图 3-2-2 水准测量施测过程

三、水准测量的三项检核与成果计算

1. 计算检核

为了保证计算数据无误,应对每一测段或记录的每一页进行必要的高差计算检核。根据式(3-2-1)和式(3-2-2)的关系,得计算检核式(3-2-3),即后视读数之和减去前视读数之和、各测站高差之和、终点高程减起点高程这三项数据应相等,即:

$$\sum a - \sum b = \sum h = H_B - H_A \tag{3-2-3}$$

上式相等说明高差、高程计算无误。

2. 测站检核

在连续水准测量中,只进行计算检核,还无法保证每一个测站的高差没问题,例如用计算检核无法查出测量过程中是否读错、听错、记错水准尺上的读数。因此,对每一站的高差,还应采取相应的措施进行检核,以保证每个测站高差的正确性,通常采用下面两种方法进行测站检核。

(1)双仪高法

双仪高法又称变动仪器高法,是在同一个测站上用两次不同的仪器高度,测得两次高差进行检核。第一次仪器观测高差 $h_1 = a_1 - b_1$。然后重新安置仪器,改变仪器高度,观测第二次高差 $h_2 = a_2 - b_2$。当两次高差满足 $h_1 - h_2 = \Delta h \leq \pm 5\text{mm}$ 时,可取平均值 $h = \dfrac{h_1 + h_2}{2}$ 作为该测站高差,否则重测。当满足条件后,才允许搬站。

(2)双面尺法

双面尺法是在每一测站用同一仪器高分别在红黑面水准尺读数,然后进行红黑面读数和高差的检核,见模块四工作任务三的三、四等水准测量的内容。

3. 成果检核

计算检核只能发现计算是否有错,而测站检核只能检核每一个测站上是否有错,不能发现立尺点变动的错误,更不能评定测量成果的精度。同时,由于观测时受到观测条件(仪器、人、外界条件)的影响,随着测站数的增多,误差加大,有时也会超过规定的限差,因此,应对其成果进行检核,即进行高差闭合差的检核。在水准测量中,由于测量误差的影响,使沿水准路线测得的起终点的高差值与起终点的实际高差值不相吻合,其二者差值,称为高差闭合差,用 f_h 表示。高差闭合差的计算,随着水准路线形式的不同而不同,现分述如下。

(1)闭合水准路线

闭合水准路线起讫点为同一点,所以理论上各测段高差的代数和等于零,即:

$$\sum h_{理} = 0$$

若实测高差的代数和不等于零,即为高差闭合差:

$$f_h = \sum h_{测} \tag{3-2-4}$$

这种形式的水准路线可以使测量结果得到可靠的检核。

(2)附合水准路线

附合水准路线起讫点不为同一点,所以理论上实测各测段高差的代数和应等于两端已知点间的高差,即 $\sum h_{理} = H_{终} - H_{始}$。若不相等,则高差闭合差为:

$$f_h = \sum h_{测} - (H_{终} - H_{始}) \tag{3-2-5}$$

这种形式的水准路线也可以使测量结果得到可靠的检核。

(3)支水准路线

这种形式的水准路线由于不能对测量结果自行检核,需进行往返测以达到检核的目的,而理论上往返测的高差符号相反,数值相同,所以往返测的高差代数和应等于零,如不等于零,则高差闭合差为:

$$f_h = \sum h_{往} + \sum h_{返} = |\sum h_{往}| - |\sum h_{返}| \tag{3-2-6}$$

(4)容许高差闭合差

上述水准路线中,当高差闭合差在容许误差范围内时,即 $f_h \leq f_{h容}$,认为精度符合要求,成果可用,可进行高差闭合差的调整。若超过容许值,应查明原因,进行重测,直到符合要求为止。

普通水准测量的容许高差闭合差规定为:

$$f_{h容} = \pm 40\sqrt{L} \ (\text{mm}) \quad (\text{平原微丘区})$$

或

$$f_{h容} = \pm 12\sqrt{n} \ (\text{mm}) \quad (\text{山岭重丘区}) \tag{3-2-7}$$

式中:L——水准路线长度,以公里(km)为单位;

n——整个水准路线所设的测站数。

四、水准测量成果计算

1. 支水准路线（往返测法）成果计算

如图 3-2-3 所示，A 点为已知水准点，B 点为待定水准点。一般测量习惯是从已知点出发测至待定点，称为往测，从待定点测至已知点为返测。

图 3-2-3 支水准路线观测结果

【例 3-2-1】表 3-2-1 为一例往返观测结果检核、闭合差分配、高程计算实例，计算步骤如下。

解：① 高差计算及计算校核：

第 1 栏　填入测点名称和转点号。

第 2、4 栏　$\sum h_{往} = \sum a - \sum b = 5.313 - 3.835 = +1.478(\text{m})$

第 5、6 栏　将每测站高差 $h_i = a_i - b_i$ 分别填入高差正负栏，然后取和得：

$$\sum h = h_1 + h_2 + \cdots + h_n = 0.562 + 0.363 + 0.850 - 0.297 = +1.478(\text{m})$$

第 7 栏计算终点 B 的推算高程 H'_B：

$$H_{Z1} = H_A + h_1 = 186.000 + 0.562 = 186.562(\text{m})$$
$$H_{Z2} = H_{Z1} + h_2 = 186.562 - 0.297 = 186.265(\text{m})$$
$$H_{Z3} = H_{Z2} + h_3 = 186.265 + 0.363 = 186.628(\text{m})$$
$$H'_B = H_{Z3} + h_4 = 186.628 + 0.850 = 187.478(\text{m})$$
$$h_{AB} = H'_B - H_A = 187.478 - 186.000 = +1.478(\text{m})$$

往返水准测量记录表　　表 3-2-1

测　点	水准尺读数(m)			高差(m)		测量高程(m)	已知高程(m)	备注
	后视	中视	前视	+	−			
1	2	3	4	5	6	7	8	9
BM_A	1.418						186.000	
ZD_1	1.376		0.856	0.562				
ZD_2	1.289		1.673		0.297			
ZD_3	1.230		0.926	0.363				
BM_B			0.380	0.850		187.478		
$\sum$	5.313		3.835	+1.775	−0.297	$h_{AB} = H'_B - H_A = +1.478$		水准路线长 360m
	$\sum a - \sum b = +1.478$			$\sum h = +1.478$				
BM_B	0.930						187.478	
ZD_4	2.630		1.315		0.385			
ZD_5	1.163		1.564	1.066				
ZD_6	0.618		2.156		0.993			
BM_A			1.800		1.182	185.984		
$\sum$	5.341		6.835	+1.066	−2.560	$h_{BA} = H_A - H'_B = -1.494$		
	$\sum b - \sum a = -1.494$			$\sum h = -1.494$				

检核：

$$\sum a - \sum b = +1.478(\mathrm{m})$$
$$\sum h = +1.478(\mathrm{m})$$
$$H'_B - H_A = +1.478(\mathrm{m})$$

以上三项相等,说明计算无误。返测计算方法与往测相同,返测起算高程为 H'_B。

②高差闭合差计算:理论上往测高差的总和应与返测高差总的和绝对值相等且符号相反,所以往返测高差的代数和应等于零。

理论值 $\quad\quad\quad\quad\quad\quad\sum h_{往} + \sum h_{返} = 0$

高差闭合差 $\quad f_h = \sum h_{往} + \sum h_{返} = 1.478 + (-1.494) = -16(\mathrm{mm})$

③计算容许闭合差:
$$f_{h容} = \pm 40\sqrt{L} = \pm 40\sqrt{0.36} = \pm 24(\mathrm{mm})$$

$|f_h| \leq |f_{h容}|$,合格。

这里的 L 取单程水准路线长度,以公里(km)代入。

④高差闭合差调整:往返测高差闭合差的调整原则是,将高差闭合差以相反符号平均分配到往测和返测高差值上,即:

$$v = -\frac{f_h}{2} \quad\quad\quad\quad (3-2-8)$$

$$v = -\frac{-16}{2} = +8(\mathrm{mm})$$

则
$$h_{AB} = \sum h_{往} + v = 1.478 + (0.016/2) = +1.486(\mathrm{m}) \quad\quad (3-2-9)$$

往返水准路线可以认为等长,所以另一种计算高差的方法是取往返高差绝对值的平均值,平均值的符号冠以往测符号即可。

$$h_{AB} = \frac{|h_{往}| + |h_{返}|}{2} = \frac{|1.478| + |-1.494|}{2} = +1.486(\mathrm{m}) \quad (3-2-10)$$

⑤待定点高程计算:
$$H_B = H_A + h_{AB} = 186.000 + 1.486 = 187.486(\mathrm{m})$$

上式中的 h_{AB} 为改正后高差,H_B 最终高程记录在采用高程一栏。

2. 附合水准路线结果计算

【例3-2-2】如图3-2-4所示为一附合水准路线外业观测结果。在已知水准点 BM_3 和 BM_5 之间布设了一条附合水准路线,欲测定 BM_{3-1}、BM_{3-2} 和 BM_{3-3} 三个水准点的高程。各水准点点号及各段水准路线的长度和测得高差注明在图中,计算步骤如下:

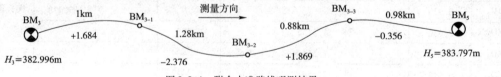

图3-2-4 附合水准路线观测结果

解:①将起讫点与待测点点号按测量顺序填入表3-2-2第1栏。各段水准路线长度、观测高差填入第2、3栏,将已知水准点的高程填入第6栏。

②计算高差闭合差:附合水准路线各测段高差的代数和应等于两个已知水准点的高程差。由于存在测量误差,因此产生高差闭合差,即:

附合水准路线闭合差调整与高程计算表   表3-2-2

点 号	路线长度（km）	观测高差（m）	高差改正数（mm）	改正后高差（m）	高 程（m）	备 注
1	2	3	4	5	6	7
BM_3					382.996	
	1.00	+1.684	−5	+1.679		
BM_{3-1}					384.675	
	1.28	−2.376	−6	−2.382		
BM_{3-2}					382.293	
	0.88	+1.869	−4	+1.865		
BM_{3-3}					384.158	
	0.98	−0.356	−5	−0.361		
BM_5					383.797	
Σ	4.14	+0.821	−20	0.801		

理论值
$$\sum h_{测} - \sum h_{理} = \sum h_{测} - (H_{终} - H_{起}) = 0$$

高差闭合差
$$f_h = \sum h_{测} - (H_{终} - H_{起}) = 0.821 - 0.801 = +20(\text{mm}) \tag{3-2-11}$$

式中：$\sum h_{测}$——各测段高差代数和；

$\sum h_{理}$——终点高程减起点高程。

③计算容许闭合差：
$$f_{h容} = \pm 40\sqrt{L} = \pm 40\sqrt{4.14} = \pm 81(\text{mm})$$

这里的 L 取各测段水准路线长度的总和，以公里（km）代入。

④高差闭合差调整：附合水准路线高差闭合差调整原则是，将高差闭合差以相反符号按测段水准路线长度成正比例分配到各测段的高差值上。

第 i 段高差的改正数为：
$$v_i = -\frac{f_h}{\sum L} L_i \tag{3-2-12}$$

式中：v_i——第 i 段改正数；

L_i——第 i 段水准路线的长度；

$\sum L$——水准路线的总长度。

第一测段改正值为：
$$v_1 = -\frac{20}{4.14} \times 1.00 = -5(\text{mm})$$

第二测段改正值为：
$$v_2 = -\frac{20}{4.14} \times 1.28 = -6(\text{mm})$$

第三测段改正值为：
$$v_3 = -\frac{20}{4.14} \times 0.88 = -4(\text{mm})$$

第四测段改正值为：

$$v_4 = -\frac{20}{4.14} \times 0.98 = -5 \, (\text{mm})$$

将以上各值填入表 3-2-2 中第 4 栏。改正数的总和应与高差闭合差大小相等，符号相反，即 $\sum v_i = -f_h$，可以作为计算检核。

⑤计算改正后高差：改正后高差等于各测段观测高差加上相应的改正数。

$$h_i = h_{i测} + v_i \tag{3-2-13}$$

则

$$h_1 = 1.684 - 0.005 = 1.679 \, (\text{m})$$
$$h_2 = -2.376 - 0.006 = -2.382 \, (\text{m})$$
$$h_3 = 1.869 - 0.004 = 1.865 \, (\text{m})$$
$$h_4 = -0.356 - 0.005 = -0.361 \, (\text{m})$$

计算检核：改正后的高差代数和等于终点高程与起点高程之差。

$$\sum h_{改} = H_{终} - H_{起} = +0.801 \, (\text{m})$$

⑥计算各待定点的高程：由已知高程点 BM_3 开始，根据改正后高差，逐点推算点 BM_{3-1}、点 BM_{3-2}、点 M_{3-3} 的高程，应继续推算至终点的高程，其高程应等于已知高程，如不相等，则说明高程计算有误，应进行复核计算。

$$H_{3-1} = H_3 + h_1 = 382.996 + 1.679 = 384.675 \, (\text{m})$$
$$H_{3-2} = H_{3-1} + h_2 = 384.675 - 2.382 = 382.293 \, (\text{m})$$
$$H_{3-3} = H_{3-2} + h_3 = 382.293 + 1.865 = 384.158 \, (\text{m})$$
$$H_5 = H_{3-3} + h_4 = 384.158 - 0.361 = 383.797 \, (\text{m})$$

将推算各待定点的高程填入表 3-2-2 中第 6 栏。

3. 闭合水准路线结果计算

闭合水准路线的结果计算与附合水准路线基本相同，不同之处是检核条件与附合水准路线不同。从已知点出发，经各待测点再返回已知点，各测段高差代数和理论值等于零。

理论值　　　　　　　　　　　$\sum h_{理} = 0$

高差闭合差　　　　　　　　　$f_h = \sum h_{测} - 0 = \sum h_{测}$

【例 3-2-3】图 3-2-5 所示为闭合水准路线外业观测结果。已知水准点 BM_1，欲测定水准点 1、2、3 的高程。各水准点点号及各段水准路线的长度和测得高差注明在图中，计算步骤如下。

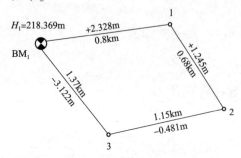

图 3-2-5　闭合水准路线观测结果

解：①将已知水准点与待测点点号按测量顺序填入表 3-2-3 中第 1 栏，各段水准路线长度、观测高差填入第 2、3 栏，将已知水准点高程填入第 6 栏。

②计算高差闭合差：

$$f_h = \sum h_{测} = -0.030 \, (\text{m})$$

③计算容许闭合差：本实例按五等水准测量要求计算容许闭合差。

$$f_{h容} = \pm 40\sqrt{L} = \pm 40\sqrt{4} = \pm 80 \, (\text{mm})$$

这里的 L 取闭合环线长度，以公里（km）代入。

④高差闭合差调整：闭合水准路线闭合差的计算与分配原则与附合水准路线相同。

改正数计算:

$$v_1 = +\frac{30}{4} \times 0.80 = +6(\text{mm})$$

$$v_2 = +\frac{30}{4} \times 0.68 \approx +5(\text{mm})$$

$$v_3 = +\frac{30}{4} \times 1.15 \approx +9(\text{mm})$$

$$v_4 = +\frac{30}{4} \times 1.37 \approx +10(\text{mm})$$

计算校核:改正数总和应与闭合差大小相等,符号相反,即$\sum v_i = -f_h$。

⑤计算改正后高差:改正后高差的计算方法同附合水准路线。

$$h_1 = 2.328 + 0.006 = 2.334(\text{m})$$
$$h_2 = 1.245 + 0.005 = 1.250(\text{m})$$
$$h_3 = -0.481 + 0.009 = -0.472(\text{m})$$
$$h_4 = -3.122 + 0.010 = -3.112(\text{m})$$

⑥计算各待定点的高程:由已知高程点BM_1开始,根据改正后高差,逐点推算1、2、3各点高程,应继续推算至终点BM_1的高程,其高程应等于已知高程,如不相等,则说明高程计算有误,应进行复核计算。

$$H_1 = H_{BM1} + h_1 = 218.369 + 2.334 = 220.703(\text{m})$$
$$H_2 = H_1 + h_2 = 220.703 + 1.250 = 221.953(\text{m})$$
$$H_3 = H_2 + h_3 = 221.953 - 0.472 = 221.481(\text{m})$$
$$H_{BM1} = H_3 + h_4 = 221.481 - 3.112 = 218.369(\text{m})$$

将推算各待定点的高程填入表3-2-3中第6栏。

闭合水准路线闭合差调整与高程计算表 表3-2-3

点 号	路线长度（km）	观测高差（m）	高差改正数（mm）	改正后高差（m）	高程（m）	备 注
1	2	3	4	5	6	
BM_1					218.369	
	0.80	+2.328	+6	+2.334		
1					220.703	
	0.68	+1.245	+5	+1.250		
2					221.953	
	1.15	-0.481	+9	-0.472		
3					221.481	
	1.37	-3.122	+10	-3.112		
BM_1					218.369	
Σ	4.00	-0.030	+30	0		

工作任务三 水准仪检验与校正

一、相关知识

水准仪能准确提供水平视线,并保证各主要轴线满足一定的理想关系,但由于使用中的搬运和振动,经常会破坏理想轴线关系,为保证测量结果的质量,要经常进行必要的检验或定期送检。

根据仪器构造特点,圆水准器气泡居中,竖轴基本竖直,望远镜视线基本水平,转动微倾螺旋使水准管气泡居中,视线水平。另外,仪器整平后,用十字丝的横丝读数时,标尺在横丝的任意位置,读数都应该是正确的。为满足以上条件,水准仪主要轴线应满足以下几何条件,如图3-3-1所示。

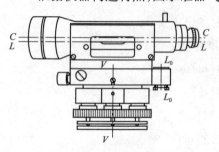

图3-3-1 水准仪各主要轴线的关系

(1)圆水准器轴应平行于仪器竖轴,即 $L_0L_0 /\!/ VV$。
(2)十字丝横丝应垂直于竖轴,即 $II \perp VV$。
(3)水准管轴应平行于视准轴,即 $LL /\!/ CC$。

以上关系,第三条最为重要。

二、任务实施

1. 水准仪的检验与校正
1)圆水准器的检验校正
(1)检验方法

安置水准仪后,使圆水准器气泡严格居中,此时圆水准器轴处于铅垂位置。将望远镜旋转180°,如果气泡仍居中,则说明圆水准器轴平行于仪器竖轴。若圆水准器轴不平行于竖轴,水准仪粗平后,则圆水准器轴相对于铅垂线的夹角为 δ 角,如图3-3-2a)所示。将望远镜旋转180°,圆水准器轴由竖轴左侧转至右侧,圆水准器气泡不再居中,此时圆水准器轴与铅垂线的夹角为 2δ 角,如图3-3-2b)所示。

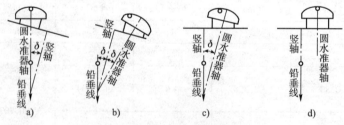

图3-3-2 圆水准器的检验校正方法

(2)校正方法

圆水准器结构如图3-3-3所示,圆水准盒的底部有三个校正螺旋。首先转动脚螺旋,使气泡中心向圆圈中心移动偏离值的一半,此时竖轴处于铅垂位置,如图3-3-2c)所示;剩余一半用校正针拨动圆水准器的校正螺旋,使气泡居中,如图3-3-2d)所示。

此项校正应反复几次,直到望远镜转动到任何位置,圆水准器气泡均居中为止。

2)十字丝横丝的检验校正
(1)检验方法

先用十字丝横丝的一端对准一清晰固定点▼或读取尺读数，如图3-3-4a)所示。旋紧水平制动螺旋，转动水平微动螺旋，如果固定点▼始终在横丝上移动或读数不变，则说明横丝垂直于仪器竖轴；若偏离横丝，如图3-3-4b)所示，则应进行校正。

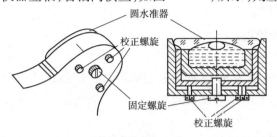

图 3-3-3 圆水准器结构

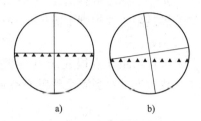

图 3-3-4 十字丝的检验

(2) 校正方法

如图3-3-5所示，打开护盖，松开十字丝分划板固定螺旋，旋转十字丝分划板座，转至正确位置为止。此项校正也需反复进行。

3) 水准管的检验校正

(1) 检验方法

在平坦地面上选取相距约100m的固定点 A、B，如图3-3-6a)所示，先在 A、B 两点的中间位置安置水准仪，测出 A、B 两点的高差 h_1。如果两轴之间有一固定夹角 i，由于前后视距离相等，i 角对前后视读数产生的误差相同，则 $\Delta_1 = \Delta_2$，所得高差仍是正确高差。A、B 两点的高差为：

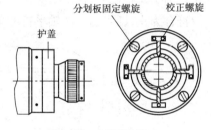

图 3-3-5 十字丝的校正

$$h_{AB1} = (a_1 - \Delta_1) - (b_1 - \Delta_2) = a_1 - b_1 \tag{3-3-1}$$

由此可见，前后视距离相等可以消除视准轴与水准管轴不平行产生的 i 角误差的影响，得到两点间的正确高差 h_{AB}。

为了防止错误和提高观测精度，一般应改变仪器高观测两次，若两次高差的误差小于3mm，取平均数作为正确高差 h_{AB}。

如图3-3-6b)所示，仪器搬到距 A 点（或 B 点）2~3m 处，精平后读取 A、B 两点的尺读数 a_2、b_2'。由此计算在 A 点附近测得的高差：

$$h_{AB2} = a_2 - b_2'$$

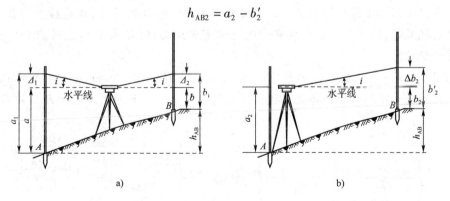

图 3-3-6 水准管检验方法

理想关系是 $h_{AB1} = h_{AB2}$，若 $h_{AB1} \neq h_{AB2}$，说明存在 i 角误差，用两次高差的差值 Δ 来判断 i 误差是否超限，其差值应满足下式：

$$\Delta \leqslant \pm 20'' \times \frac{D_{AB}}{\rho''} \quad (3\text{-}3\text{-}2)$$

式中：D_{AB}——A、B 两点间的距离；

ρ''——弧度的秒值，$\rho'' = 206\,265''$。

若满足限差要求则不需校正，否则应进行校正。

（2）校正方法

由于仪器距 A 点很近，产生误差较小，所以认为 a_2 读数误差略去不计。仪器在 A 点上读取 A 尺读数 a_2 后，当满足理想关系时，在 B 尺上的正确读数应为：

$$b_2 = a_2 - h_1 \quad (3\text{-}3\text{-}3)$$

用望远镜照准 B 点的水准尺，转动微倾螺旋将横丝对准 b_2，这时视准轴已处于水平位置，如果水准管气泡居中，说明水准管轴平行于视准轴，否则应进行校正。

根据式（3-3-3）的计算结果，转动微倾螺旋使十字丝横丝对准 B 尺上的正确读数 b_2，此时视准轴已处于水平位置，由于两轴不平行，水准管气泡不居中，如图 3-3-7 所示。松开水准管左右两个校正螺旋，拨动水准管上下校正螺旋，拨动时应先松后紧，以免损坏螺旋，直到气泡影像符合为止，即可达到两轴平行的条件。

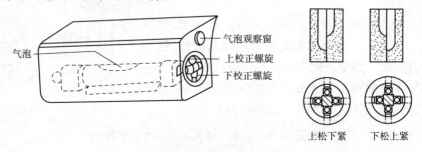

图 3-3-7　水准管的校正

习 题

1．绘图说明水准测量的基本原理。

2．什么是视准轴？什么是水准管轴？

3．什么是视差？产生视差的原因是什么？如何消除视差？

4．水准仪的圆水准器和管水准器的作用有何不同？水准测量时，读完后视读数后转动望远镜瞄准前视尺时，圆水准气泡和水准管气泡都有少许偏移（不居中），这时应如何调节仪器才能读前视读数？

5．题图 3-1 是五个测站构成的水准路线，A 点高程 $H_A = 35.760\text{m}$，各测站水准仪的前、后视读数注在图上。按测站顺序将观测数据抄录到题表 3-1，计算测站高差和 B 点的高程。

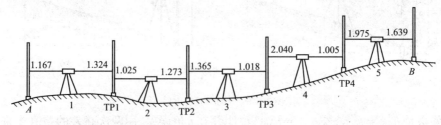

题图 3-1　水准测量施测过程

水准测量记录表 题表 3-1

测站	测点	后视	前视	高差	高程
1	A				
2					
3					
4					
5					
	B				
	Σ				

6. 题图 3-2 为普通附合水准路线观测成果，试按测站数调整闭合差，并计算各待定点高程（已知 $H_{BM1}=35.48\text{m}$，$H_{BM2}=40.40\text{m}$）。

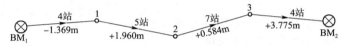

题图 3-2 附和水准路线观测结果

7. 题图 3-3 为普通闭合水准路线观测成果，试按测站数调整闭合差，并计算各待定点高程（已知 $H_{BM}=56.78\text{m}$）。

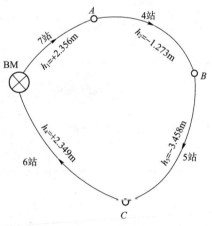

题图 3-3 闭合水准路线观测结果

8. 水准仪有哪些轴线？它们之间应满足什么条件？

9. 水准测量的误差有哪些？怎样减小或消除？

模块四　小区域控制测量

工作任务一　导线测量

学习目标

本模块介绍了小区域控制测量,包括平面控制测量和高程控制测量。要掌握平面控制测量和高程控制测量的基本原理和方法,熟知导线测量外业工作的内容及施测要求;掌握导线测量内业计算的方法,并注意检核条件;掌握三角高程测量原理和测量方法。

学习要求

知识要点	能力要求	相关知识
平面控制测量	(1)能够根据工程情况选择合理的导线布置形式和进行导线外业工作 (2)能够正确根据导线外业观测数据,进行导线内业计算 (3)能够根据实际情况选择交会定点的方法 (4)能够进行交会测量的外业工作和内业计算	(1)导线测量外业工作内容及施测要求 (2)导线测量内业计算的方法 (3)前方交会、侧方交会、后方交会和测边交会的方法及计算
高程控制测量	(1)能够根据工程情况选择合理的高程控制测量方法 (2)能够根据工程已知条件进行三角高程测量的外业工作和内业计算	(1)三、四等水准测量和三角高程测量的概念、比较和选择 (2)三角高程测量的外业工作内容及施测要求 (3)三角高程测量的内业计算方法

一、相关知识

无论是测绘地形图还是施工放样,为了保证测图、放样的精度,使工作方便、提高效率,必须遵循"从整体到局部,先控制后碎部"的工作原则,即在测区内先建立测量控制网,然后根据控制网进行测绘和放样。

在测区内选定的若干个起控制作用的点构成的一定几何图形,称为控制网。控制网分为平面控制网和高程控制网两种。用比较精密的测量仪器、工具和比较严密的方法,精确地测定控制点点位的工作,称为控制测量。测定控制点平面位置的工作,称为平面控制测量,而测定控制点高程位置的工作,称为高程控制测量。

1. 平面控制测量

平面控制测量的任务就是用精密仪器和采用精密方法测量控制点间的角度、距离要素,并根据已知点的平面坐标、方位角,计算出各控制点的坐标。

建立平面控制网的方法有导线测量、三角测量、三边测量、全球定位系统(GPS)测量等。随着电磁波测距技术的发展,导线测量已成为平面控制测量的主要方法。

(1)导线测量

导线测量是在地面上选择一系列控制点,将其依次连成折线(称为导线),观测各转折角(导线角)的大小和各折线边(导线边)的边长,并测定起始边的方位角,然后根据已知点的坐标,计算各控制点(导线点)的坐标。如图 4-1-1 所示,图 4-1-1a)为单一导线,图 4-1-1b)为导线网。

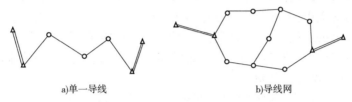

a)单一导线   b)导线网

图 4-1-1　导线测量

(2)三角测量

三角测量是在地面上选择若干个控制点,把相邻互相通视的点连接起来组成一系列三角形(三角形的顶点称为三角点),观测三角形的三个内角,并精密测定一条或几条边(基线)的边长和方位角,应用三角公式解算出各三角形的边长,然后根据其中一点的已知坐标,计算出各三角点的坐标。三角形连接成网状的称为三角网,如图 4-1-2 所示;连接成条状的称为三角锁,如图 4-1-3 所示。

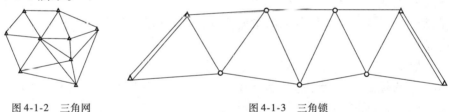

图 4-1-2　三角网　　　　　图 4-1-3　三角锁

(3)三边测量

三边测量是指使用全站型电子速测仪或光电测距仪,采取测边方式来测定各三角形顶点水平位置的方法。三边测量是建立平面控制网的方法之一,其优点是较好地控制了边长方面的误差,工作效率较高。

(4)GPS 测量

全球定位系统(GPS)是具有在海、陆、空进行全方位实时三维导航与定位能力的新一代卫星导航与定位系统。GPS 因其全天候、高精度、自动化、高效率等显著特点,成功地应用于工程控制测量,例如,南京长江第三桥、西康铁路线、18km 秦岭隧道、线路控制测量等。

GPS 控制测量控制点是在一组控制点上安置 GPS 卫星地面接收机接收 GPS 卫星信号,解算求得控制点到相应卫星的距离,并通过一系列数据处理取得控制点的坐标。

2. 国家平面控制网概念

为各种测绘工作在全国范围内建立的基本控制网,称为国家控制网。国家平面控制网的布设原则是分级布网、逐级控制,按其精度由高到低分成一、二、三、四 4 个等级。一等三角网是在全国范围内沿经线和纬线方向布设的,是全国平面控制网的骨干,是作为低级三角网的坚强基础,也为研究地球形状和大小提供资料。二等三角网是布设在一等三角锁环内,形成国家平面控制网的全面基础。三、四等三角网是以二等三角网为基础的进一步加密,用插点或插网形式布设。

3. 小区域控制网

小区域控制网主要指面积在 $10km^2$ 以内的为大比例尺测图和工程建设而建立的控制网。测区范围内若有国家控制点或相应等级的控制点应尽可能联测,以便获取起算数据和方位。无条件联测时,可建立测区独立控制网。

在地形测量中,为满足地形测图精度的要求所布设的平面控制网,称为地形平面控制网。地形平面控制网分首级控制网、图根控制网。测区最高精度的控制网称为首级控制网,直接用于测图的控制网称为图根控制网,控制点称为图根点。

首级平面控制网的等级选择,应从测区面积大小、测图比例尺等方面考虑。一般情况下可采用一、二、三级导线作为首级控制网,在首级控制网的基础上建立图根控制网。当测区面积较小时,可以直接建立图根控制网。

图根控制点的密度取决于测图比例尺和地形的复杂程度,在平坦开阔地区不低于表4-1-1的规定。对于地形复杂的山区,可参照表4-1-1的规定适当增加图根点的密度。

图根点的密度 表4-1-1

测图比例尺	1:500	1:1 000	1:2 000	1:5 000
每平方公里的控制点数	150	50	15	5
每幅图的控制点数	9	12	15	20

4. 导线布设形式

导线测量目前是建立平面控制网的主要形式,导线布设的基本形式有闭合导线、附合导线、支导线三种。

(1)闭合导线

导线从一高级控制点(起始点)开始,经过各个导线点,最后又回到原来起始点,形成闭合多边形,这种导线称为闭合导线,如图4-1-4所示。

闭合导线有着严密的几何条件,构成对观测结果的校核作用,常用于面积开阔的局部地区控制。

(2)附合导线

导线从一高级控制点(起始点)开始,经过各个导线点,附合到另一高级控制点(终点),形成连续折线,这种导线称为附合导线,如图4-1-5所示。附合导线由本身的已知条件构成对观测结果的校核作用,常用于带状地区的控制。

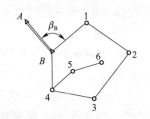

图4-1-4 闭合导线、支导线

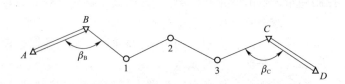

图4-1-5 附合导线

（3）支导线

导线从一高级控制点（起始点）开始，既不附合到另一个控制点，又不闭合到原来起始点，这种导线称为支导线。由于支导线无校核条件，不易发现错误，一般不宜采用。当导线点不能满足局部测图时，常增设支导线，如图4-1-4中的5、6点。

5. 导线的主要技术要求

用导线测量方法建立小区域平面控制网，分为一、二、三级导线和图根导线。表4-1-2、表4-1-3为《工程测量规范》（GB 50026—2007）对各等级导线的主要技术要求。

《工程测量规范》（GB 50026—2007）图根导线的主要技术要求　　　表4-1-2

导线长度(km)	相对闭合差	边长	测角中误差(″)		方位角闭合差(″)	
			一般	首级控制	一般	首级控制
≤1.0 M	≤1/2 000	≤1.5 测图最大视距	30	20	$60\sqrt{n}$	$40\sqrt{n}$

注：M 为测图比例尺的分母。

《工程测量规范》（GB 50026—2007）导线的主要技术要求　　　表4-1-3

等级	导线长度(km)	平均边长(km)	测角中误差(″)	测距中误差(mm)	测距相对中误差	测回数		方位角闭合差(″)	相对闭合差
						DJ_2	DJ_6		
一级	4	0.5	5	15	≤1/30 000	2	4	$10\sqrt{n}$	≤1/15 000
二级	2.4	0.25	8	15	≤1/14 000	1	3	$16\sqrt{n}$	≤1/10 000
三级	1.2	0.1	12	15	≤1/7 000	1	2	$24\sqrt{n}$	≤1/5 000

二、任务实施

1. 导线测量的外业工作

导线测量的外业工作包括：踏勘选点（埋设标志）、边长测量、角度测量及导线定向。

（1）踏勘选点

选点就是在测区内选定控制点的位置。选点之前应收集测区已有地形图和高一级控制点的结果资料，根据测图要求，确定导线的等级、形式、布置方案。在地形图上拟订导线初步布设方案，再到实地踏勘，选定导线点的位置。若测区范围内无可供参考的地形图时，可通过踏勘，根据测区范围、地形条件直接在实地拟订导线布设方案，选定导线的位置。

导线点点位选择必须注意以下几个方面：

①为了方便测角，相邻导线点间要通视良好，视线远离障碍物，以保证成像清晰。

②采用光电测距仪测边长时，导线边应离开强电磁场和发热体的干扰，测线上不应有树枝、电线等障碍物。四级以上的测线，应离开地面或障碍物1.3m以上。

③导线点应埋在地面坚实且不易被破坏处，一般应埋设标识。

④导线点要有一定的密度，以便控制整个测区。

⑤导线边长要大致相等，不能差距过大。

⑥导线点埋设后，要在桩上用红油漆写明点名、编号，并用红油漆在固定地物上画一箭头指向导线点并绘制"点之记"，以方便寻找导线点，如图4-1-6所示。

(2)边长测量

导线边长是指相邻两导线点间的水平距离。导线边长测量可采用光电测距仪、普通钢卷尺。采用光电测距仪测量边长是目前最常用的方法,该导线又称为光电测距导线。普通钢卷尺量距时,必须使用经国家测绘机构鉴定的钢尺,并对丈量长度进行尺长改正、温度改正和倾斜改正。

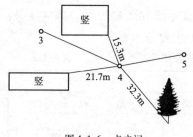

图 4-1-6 点之记

(3)角度测量

导线水平角测量主要是导线转折角测量。导线的转折角有左、右角之分,在导线前进方向左侧的水平角称为左角,在导线前进方向右侧的水平角称为右角。导线水平角的观测,附合导线按导线前进方向可观测左角或右角;闭合导线一般是观测多边形内角;支导线无校核条件,要求既观测左角,也观测右角,以便进行校核。

导线的转折角采用测回法观测。导线的等级不同,使用仪器类型不同,测回数也不同。图根导线转折角一般采用 DJ_6 经纬仪观测一测回,上、下两半测回角值差不应超过 $40''$。

(4)导线定向

导线与高级控制点连接角的测量称为导线定向,其目的是获得起始方位角和坐标起算数据,并能使导线精度得到可靠的校核。如图 4-1-5 所示,β_B、β_C 为连接角,若测区无高级控制点联测时,可假定起始点的坐标,用罗盘仪测定起始边的方位角。

2. 导线测量内业计算

导线计算的目的是要计算出导线点的坐标,分析导线测量的精度是否满足要求。首先要查实起算点的坐标、起始边的方位角,校核外业观测资料,确保外业资料计算正确、合格无误。

(1)坐标正算与坐标反算

①坐标正算。根据已知点的坐标及已知边长和坐标方位角,计算未知点坐标,称为坐标的正算。

如图 4-1-7 所示,设 A 点为已知点,B 点为未知点,当 A 点的坐标 x_A、y_A 和边长 D_{AB}、坐标方位角 α_{AB} 均为已知时,则可求得 B 点的坐标 x_B、y_B。由图 4-1-7 可知:

$$x_B = x_A + \Delta x_{AB}$$
$$y_B = y_A + \Delta y_{AB}$$

(4-1-1)

式中:Δx_{AB}、Δy_{AB}——两导线点坐标之差,称为坐标增量,即:

$$\Delta x_{AB} = x_B - x_A = D\cos\alpha_{AB}$$
$$\Delta y_{AB} = y_B - y_A = D\sin\alpha_{AB}$$

(4-1-2)

②坐标反算。根据两已知点 A、B 的坐标,计算 A、B 两点的水平距离与坐标方位角,称为坐标反算。如图 4-1-7 所示,由下式计算水平距离与坐标方位角。

$$\tan\alpha_{AB} = \frac{\Delta y_{AB}}{\Delta x_{AB}}$$

(4-1-3)

$$\alpha'_{AB} = \arctan\frac{y_B - y_A}{x_B - x_A} = \arctan\frac{\Delta y_{AB}}{\Delta y_{AB}}$$

(4-1-4)

$$D_{AB} = \frac{\Delta y_{AB}}{\sin\alpha_{AB}} = \frac{\Delta x_{AB}}{\cos\alpha_{AB}}$$

(4-1-5)

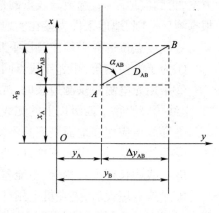

图 4-1-7 坐标正反算

或
$$D_{AB} = \sqrt{\Delta x_{AB}^2 + \Delta y_{AB}^2} \tag{4-1-6}$$

需要指出的是：式(4-1-4)中反正切函数的值是有正负号的，因此，还应按坐标增量 Δx_{AB} 和 Δy_{AB} 的正负号最后确定 AB 边的坐标方位角。

则 AB 边的坐标方位角 α_{AB} 应为：

在第 I 象限即当 $\Delta x_{AB} > 0$、$\Delta y_{AB} > 0$ 时，$\alpha_{AB} = \alpha'_{AB}$

在第 II 象限即当 $\Delta x_{AB} < 0$、$\Delta y_{AB} > 0$ 时，$\alpha_{AB} = 180° - \alpha'_{AB}$

在第 III 象限即当 $\Delta x_{AB} < 0$、$\Delta y_{AB} < 0$ 时，$\alpha_{AB} = 180° + \alpha'_{AB}$

在第 IV 象限即当 $\Delta x_{AB} > 0$、$\Delta y_{AB} < 0$ 时，$\alpha_{AB} = 360° - \alpha'_{AB}$

【例 4-1-1】 $x_A = 3\ 712\ 232.528\text{m}$、$y_A = 523\ 620.436\text{m}$、$x_B = 3\ 712\ 227.860\text{m}$、$y_B = 523\ 611.598\text{m}$。计算坐标方位角 α_{AB}、水平距离 D_{AB}。

解：$\Delta x_{AB} = x_B - x_A = 3\ 712\ 227.860 - 3\ 712\ 232.528 = -4.668(\text{m})$

$\Delta y_{AB} = y_B - y_A = 523\ 611.598 - 523\ 620.436 = -8.838(\text{m})$

$D_{AB} = \sqrt{\Delta x_{AB}^2 + \Delta y_{AB}^2} = \sqrt{(-4.668)^2 + (-8.838)^2} = 9.995(\text{m})$

$\alpha'_{AB} = \arctan\dfrac{y_B - y_A}{x_B - x_A} = \arctan\dfrac{-8.838}{-4.668} = 62°09'29.4''$

∵ $\Delta x_{AB} < 0$，$\Delta y_{AB} < 0$，在第 III 象限

∴ $\alpha_{AB} = 180° + \alpha'_{AB} = 180° + 62°09'29.4'' = 242°09'29.4''$

(2) 坐标方位角的推算

为了计算导线点的坐标，首先应推算出导线各边的坐标方位角(以下简称方位角)。如果导线和国家控制点或测区的高级点进行了连接，则导线各边的方位角是由已知边的方位角来推算；如果测区附近没有高级控制点可以连接，称为独立测区，则须测量起始边的方位角，再以此观测方位角来推算导线各边的方位角。

如图 4-1-8 所示，α_{12} 为起始方位角，图 4-1-8a)中的转折角 β_1 为右角，可以看出：

$$\alpha_{23} = \alpha_{12} + 180° - \beta_1$$

因此，用右角推算方位角的一般公式为：

$$\alpha_{前} = \alpha_{后} + 180° - \beta_{右} \tag{4-1-7}$$

式中：$\alpha_{前}$——前一条边的坐标方位角；

$\alpha_{后}$——后一条边的坐标方位角。

同理，图 4-1-8b)中的转折角 β_2 为左角，可以看出

$$\alpha_{23} = \alpha_{12} + \beta_2 - 180°$$

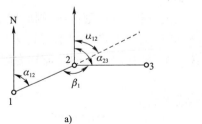
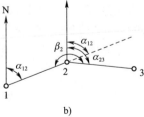

图 4-1-8 坐标方位角推算示意图

因此，用左角推算方位角的一般公式为：

$$\alpha_{前} = \alpha_{后} + \beta_{左} - 180° \tag{4-1-8}$$

测量上若约定左角取"＋"号，右角取"－"号，则式(4-1-7)、式(4-1-8)可合并为：

$$\alpha_{前} = \alpha_{后} \begin{matrix} +\beta_{左} \\ -\beta_{右} \end{matrix} \mp 180° \tag{4-1-9}$$

用文字表述为：前一边的坐标方位角等于后一边的坐标方位角加折角(左角取"＋"号，右角取"－"号)，再加上或减去180°。

实际计算时，当$\alpha_{后} + \beta_{左} > 180°$时，就减去180°；当$\alpha_{后} + \beta_{左} < 180°$时，则加上180°。

必须注意，由于坐标方位角的取值范围为0°~360°，按式(4-1-7)、式(4-1-8)推算出的坐标方位角若大于360°，则应减去360°；若出现负值，则应加上360°。

(3)附合导线的坐标计算

①角度闭合差的计算与调整。

a.联测边坐标方位角计算(坐标反算)。用式(4-1-4)计算起始边与终边的坐标方位角。

b.导线各边坐标方位角的计算。如图4-1-9所示，根据已知坐标方位角α_{AB}，观测右角β_i，则各边方位角为：

$$\alpha_{12} = \alpha_{AB} + 180° - \beta_1$$
$$\alpha_{23} = \alpha_{12} + 180° - \beta_2 = \alpha_{AB} + 180° + 180° - \beta_1 - \beta_2$$
$$\cdots$$
$$\alpha'_{CD} = \alpha_{AB} + n \times 180° - \sum_{1}^{n}\beta_{右} \tag{4-1-10}$$

式中：n——右角个数，包括两个联结角；

α'_{CD}——按观测角值推算CD边的方位角；

$\sum_{1}^{n}\beta_{右}$——右角之和。

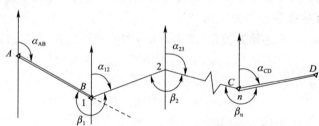

图4-1-9 附合导线坐标计算示意图

若导线转折角为左角时，采用式(4-1-8)计算各边方位角，推算终边方位角α'_{CD}，即：

$$\alpha'_{CD} = \alpha_{AB} + \sum_{1}^{n}\beta_{左} - n \times 180° \tag{4-1-11}$$

计算出的坐标方位角，若大于360°，则应减去360°；若出现负值，则应加上360°。

c.角度闭合差的计算与调整。理论上，根据观测角值推算出的终边方位角α'_{CD}等于终边已知方位角α_{CD}，由于观测角值中不可避免含有误差，它们之间的差值称为附合导线的角度闭合差，用f_β表示。

$$f_\beta = \alpha'_{CD} - \alpha_{CD} \tag{4-1-12}$$

$$f_\beta = (\alpha_{AB} - \alpha_{CD}) \mp n \times 180° \pm \begin{matrix} \sum\beta_{左} \\ \sum\beta_{右} \end{matrix} \tag{4-1-13}$$

当$f_\beta < f_{\beta容}$时，说明附合导线角度测量是符合要求的。这时为了消除f_β的影响，要对角度

闭合差进行调整,其方法是:当附合导线测的是左角时,将闭合差反符号平均分配,即每个角改正 $-\dfrac{f_\beta}{n}$;当测的是右角时,将闭合差同符号平均分配,即每个角改正 $\dfrac{f_\beta}{n}$。

②坐标增量闭合差的计算和调整。

坐标增量是指两点的坐标之差。如图4-1-10所示,理论上附合导线各边坐标增量的代数和应等于起点和终点已知坐标之差,即:

$$\sum \Delta x_{理} = x_{终} - x_{起}$$
$$\sum \Delta y_{理} = y_{终} - y_{起}$$
(4-1-14)

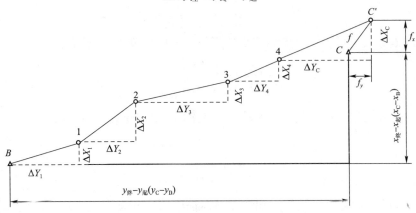

图 4-1-10　坐标增量闭合差计算

但是,尽管量边误差和角度误差经过调整,但仍存在残余误差的影响,使得推算出来的坐标增量总和不等于已知两端点的坐标差,其差值称为附合导线坐标增量闭合差。

如图4-1-10所示,由于增量闭合差的存在,使附合导线在终点 cc' 不能闭合,产生 f_x 和 f_y 纵坐标和横坐标增量闭合差,即:

$$f_x = \sum \Delta x_{测} - (x_{终} - x_{起})$$
$$f_y = \sum \Delta y_{测} - (y_{终} - y_{起})$$
(4-1-15)

c 与 c' 的距离 f 值,称为导线全长闭合差,则:

$$f = \sqrt{f_x^2 + f_y^2}$$
(4-1-16)

导线愈长,导线全长闭合差也愈大,所以衡量导线精度不能只看导线全长闭合差的大小,还应考虑导线总长度,则需要采用导线全长闭合差 f 与导线全长 $\sum D$ 之比值来衡量,即导线全长相对闭合差,用 K 表示:

$$K = \dfrac{f}{\sum D} = \dfrac{1}{\dfrac{\sum D}{f}}$$
(4-1-17)

式中:$\sum D$——导线边长总和;

　　　K——导线测量的精度,通常以分子为1、分母为整数的形式来表示。

导线全长容许相对闭合差见表4-1-3。当 K 大于容许闭合差时测量结果不合格,应进行外业工作和内业计算检查;当 K 小于容许闭合差时,测量结果合格,将坐标增量闭合差 f_x、f_y 调整到各增量中。坐标增量闭合差调整的原则是以相反符号将坐标增量闭合差按与边长成正比例分配到各坐标增量中去,对于因计算凑整残余的不符值可分配到长边的坐标增量上去,使调整后的坐标增量代数和等于已知两端点的坐标差。设纵坐标增量改正数为 $v_{\Delta xij}$,横坐标增量

改正数为 $v_{\Delta yij}$，则边长 D_i 的坐标增量改正数按下式计算：

$$v_{\Delta xij} = -\frac{f_x}{\sum D} \times D_{ij}$$

$$v_{\Delta yij} = -\frac{f_y}{\sum D} \times D_{ij}$$

（4-1-18）

坐标增量改正数之和必须满足下式的要求，也就是说，必须将闭合差分配完以使改正后的坐标增量满足理论要求。

$$\sum v_{\Delta xij} = -f_x$$
$$\sum v_{\Delta yij} = -f_y$$

（4-1-19）

改正后的坐标增量等于各边坐标增量计算值加相应的改正数，且有：

$$\Delta x_{ij} = \Delta x_{ij} + v_{\Delta xij}$$

$$\Delta y_{ij} = \Delta y_{ij} + v_{\Delta yij}$$

改正后的坐标增量代数和应等于两已知点坐标差，以此作为校核，即：

$$\sum \Delta x_{改} = x_{终} - x_{起}$$
$$\sum \Delta y_{改} = y_{终} - y_{起}$$

（4-1-20）

③导线点坐标计算。

如图 4-1-10 所示，附合导线起点和终点坐标是已知的，用起点已知坐标加上 $B1$ 边改正后的坐标增量等于第一点的坐标，用第一点坐标加上 12 边改正后的坐标增量等于第二点的坐标，依此类推，可求出其他各点的坐标，即：

$$x_1 = x_B + \Delta x_{改B1} \qquad y_1 = y_B + \Delta y_{改B1}$$
$$x_2 = x_1 + \Delta x_{改12} \qquad y_2 = y_1 + \Delta y_{改12}$$
$$\cdots \qquad\qquad\qquad \cdots$$

（4-1-21）

为了检查坐标推算是否存在错误，推算出的终点坐标应与已知坐标完全一致，以此作为计算校核。

【例 4-1-2】某一级附合导线测量外业结果如图 4-1-11 所示，各点坐标值如表 4-1-4 所示，计算各点坐标并检验是否满足精度要求。附合导线坐标计算见表 4-1-5。

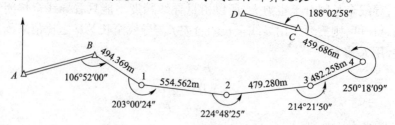

图 4-1-11 附合导线草图

各 点 坐 标 值　　　　　　　　　　　　　　　　　　　　　表 4-1-4

点 名	已知坐标(m)		点 名	已知坐标(m)	
	x	y		x	y
A	2 686.681	3 744.191	C	2 882.598	5 574.768
B	2 808.333	4 229.166	D	3 309.042	5 313.721

附合导线坐标计算   表 4-1-5

测点	角度观测值(° ′ ″)	改正后角度值(° ′ ″)	方位角(° ′ ″)	边长	坐标增量(m) Δx	坐标增量(m) Δy	改正后坐标增量(m) Δx	改正后坐标增量(m) Δy	坐标(m) x	坐标(m) y
1	2	3	4	5	6	7	8	9	10	11
A	右角								2 686.681	3 744.191
			75 55 06							
B	−3 106 52 00	106 51 57							2 808.333	4 229.166
			149 03 09	494.369	+28 −423.990	+8 254.230	−423.962	254.238		
1	−3 203 00 24	203 00 21							2 384.371	4 483.404
			126 02 48	554.562	+32 −326.329	+9 448.384	−326.297	448.393		
2	−3 224 48 25	224 48 22							2 058.074	4 931.798
			81 14 26	479.280	+28 72.988	+8 473.690	73.016	473.698		
3	−3 214 21 50	214 21 47							2 131.090	5 405.496
			46 52 39	482.258	+28 329.652	+8 351.997	329.680	352.005		
4	−3 250 18 09	250 18 06							2 460.770	5 757.501
			336 34 33	459.686	+26 421.802	+8 −182.741	421.828	−182.733		
C	−3 188 02 58	188 02 55							2 882.598	5 574.768
			328 31 38							
D									3 309.042	5 313.721
Σ	1 187°23′46″	1 187°23′28″		2 470.155	74.123	1 345.560	74.265	1 345.602		

$\alpha'_{CD} = \alpha_{AB} + n \times 180° - \Sigma\beta_{\not\equiv} = 328°31'20''$

$f_\beta = \alpha'_{CD} - \alpha_{CD} = 328°31'20'' - 328°31'38'' = -18''$

$f_{\beta\text{限}} = \pm(10\sqrt{n})'' = \pm(10\sqrt{6})'' = \pm 24.49'' > 18''$(合格)

$f_x = \Sigma\Delta x_{测} - (x_{终} - x_{起}) = -0.142(m)$

$f_y = \Sigma\Delta y_{测} - (y_{终} - y_{起}) = -0.042(m)$

$f = \sqrt{f_x^2 + f_y^2} = 0.15(m)$

$K = \dfrac{f}{\Sigma D} = \dfrac{1}{\dfrac{\Sigma D}{f}} \approx \dfrac{1}{16\ 467} < \dfrac{1}{15\ 000}$

解：① 绘制导线草图,如图 4-1-11 所示：

② 坐标反算：

$$\alpha_{AB\text{象}} = \arctan\dfrac{y_B - y_A}{x_B - x_A} = \arctan\dfrac{4\ 229.166 - 3\ 744.191}{2\ 808.333 - 2\ 686.681} = \arctan\dfrac{484.975}{121.652} = 75°55'06''$$

∵ ΔX > 0, ΔY > 0, 为第一象限

∴ $\alpha_{AB} = \alpha_{AB\text{象}} = 75°55'06''$

$$\alpha_{CD\text{象}} = \arctan\dfrac{y_D - y_C}{x_D - x_C} = \arctan\dfrac{5\ 313.721 - 5\ 574.768}{3\ 309.042 - 2\ 882.598} = \arctan\dfrac{-261.047}{426.444} = 31°28'22''$$

∵ ΔX > 0, ΔY < 0, 为第四象限

∴ $\alpha_{CD} = 360° - \alpha_{CD\text{象}} = 360° - 31°28'22'' = 328°31'38''$

③ 角度闭合差计算：

$$\alpha'_{CD} = \alpha_{AB} + n \times 180° - \Sigma\beta_{\not\equiv} = 75°55'06'' + 6 \times 180° - 1\ 187°23'46'' = 328°31'20''$$

$$f_\beta = \alpha'_{CD} - \alpha_{CD} = 328°31'20'' - 328°31'38'' = -18''$$

④角度闭合差限差：

按一级导线 $f_{\beta限} = \pm 10\sqrt{n} = \pm 10\sqrt{6} = \pm 24.49'' > 18''$ 合格

⑤改正后角值：

$$v_\beta = +f_\beta/n = -3''$$

$$\beta_{改} = \beta_{测} + v_\beta$$

$$\beta_B = 106°52'00'' - 3'' = 106°51'57''$$

$$\beta_1 = 203°00'24'' - 3'' = 203°00'21''$$

$$\cdots$$

$$\beta_C = 188°02'58'' - 3'' = 188°02'55''$$

⑥推算方位角：

$$\alpha_{前} = \alpha_{后} + 180° - \beta_{右}$$

$$\alpha_{B1} = 75°55'06'' + 180° - 106°51'57'' = 149°03'09''$$

$$\alpha_{12} = 149°03'09'' + 180° - 203°00'21'' = 126°02'48''$$

$$\cdots$$

$$\alpha'_{CD} = 336°34'33'' + 180° - 188°02'55'' = 328°31'38''$$

⑦坐标增量闭合差计算：

表4-1-5 第6、7栏各坐标增量纵向相加得

$$\sum \Delta x_{测} = 74.123\text{m}$$

$$\sum \Delta y_{测} = 1\,345.560\text{m}$$

$$\sum \Delta x_{理} = x_{终} - x_{起} = 2\,882.598 - 2\,808.333 = 74.265(\text{m})$$

$$\sum \Delta y_{理} = y_{终} - y_{起} = 5\,574.768 - 4\,229.166 = 1\,345.602(\text{m})$$

$$f_x = 74.123 - 74.265 = -0.142(\text{m})$$

$$f_y = 1\,345.56 - 1\,345.602 = -0.042(\text{m})$$

⑧精度计算：

$$f = \sqrt{f_x^2 + f_y^2} = 0.15$$

$$K = \frac{f}{\sum D} = \frac{1}{\frac{\sum D}{f}} = \frac{1}{16\,467} < \frac{1}{15\,000}$$

⑨坐标增量闭合差分配：

Δx_{12}、Δy_{12} 的改正数计算

$$v_{\Delta xij} = -\frac{f_x}{\sum D} \times D_{ij} = +\frac{0.142}{2\,470.155} \times 494.369 = 0.028(\text{m})$$

$$v_{\Delta yij} = -\frac{f_y}{\sum D} \times D_{ij} = +\frac{0.042}{2\,470.155} \times 494.369 = 0.008(\text{m})$$

校核

$$\sum v_{\Delta xij} = -f_x = 0.142(\text{m})$$

$$\sum v_{\Delta yij} = -f_y = 0.042(\text{m})$$

⑩改正后的坐标增量：

12边的增量

$$\Delta x_{改} = -423.990 + 0.028 = -423.962(\text{m})$$

$$\Delta y_{改} = 254.230 + 0.008 = 254.238(\text{m})$$

⑪各导线点坐标推算：

第一点的坐标
$$x_1 = 2\ 808.333 - 423.962 = 2\ 384.371(\text{m})$$
$$y_1 = 4\ 229.166 + 254.238 = 4\ 483.404(\text{m})$$

逐点推算至终点 C，应等于 C 点的已知坐标，作为校核。

(4)闭合导线坐标计算

闭合导线坐标计算的步骤与附合导线基本上是相同的，由于几何图形不同，构成的检核条件也就不同，因此在计算角度闭合差、坐标增量闭合差以及闭合差调整方面都不同于附合导线，现将不同之处分述如下。

①角度闭合差的计算和调整。

由几何原理可知，多边形内角之和的理论值应为：
$$\sum \beta_{\text{理}} = (n-2) \times 180° \tag{4-1-22}$$

式中：n——多边形内角数。

由于观测角值中不可避免含有误差，实测的内角和 $\sum \beta_{\text{测}}$ 与理论上的内角和 $\sum \beta_{\text{理}}$ 之差称为闭合导线角度闭合差，以 f_β 表示，即：
$$f_\beta = \sum \beta_{\text{测}} - \sum \beta_{\text{理}} \tag{4-1-23}$$

将角度闭合差与限差进行比较，当 $f_\beta \leq f_{\beta \text{容}}$ 时，观测结果符合要求，可进行闭合差的调整。闭合导线角度闭合差的调整原则是：角度闭合差以相反符号平均分配给每个内角，如果不能均分，闭合差的余数应分配给短边的夹角。设以 $v_{\beta i}$ 表示各观测角的改正数，β_i' 表示观测角，β_i 表示改正后的观测角值，则：

$$v_{\beta i} = -\frac{f_\beta}{n} \tag{4-1-24}$$

$$\beta_i = \beta_i' + v_{\beta i} \tag{4-1-25}$$

改正后的各内角值之和应等于理论值，即 $\sum \beta_i = (n-2) \times 180°$。

②各边方位角的计算。

闭合导线点编号为顺时针时，内角是右角，推算方位角按右角公式；闭合导线点编号为逆时针时，内角是左角，推算方位角按左角公式。

③坐标增量的计算。

一导线边两端点的纵坐标（或横坐标）之差，称为该导线边的纵坐标（或横坐标）增量，习惯用 Δx（或 Δy）表示。

设 i,j 为两相邻的导线点，量测两点之间的边长为 D_{ij}，根据观测角调整后的值推出坐标方位角为 α_{ij}，则由三角几何关系可计算出 i,j 两点之间的坐标增量：
$$\Delta x_{ij} = D_{ij} \times \cos\alpha_{ij}$$
$$\Delta y_{ij} = D_{ij} \times \sin\alpha_{ij}$$

(5)增量闭合差的计算和调整

如图4-1-12所示，理论上闭合导线纵坐标增量之和与横坐标增量之和均等于零，即：
$$\sum \Delta x_{\text{理}} = 0$$
$$\sum \Delta y_{\text{理}} = 0 \tag{4-1-26}$$

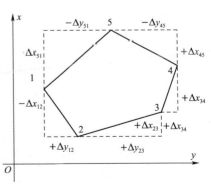

图4-1-12 闭合导线计算

由于测量误差的存在,不能满足式(4-1-26)的要求,所以产生坐标增量闭合差,即:

$$f_x = \sum \Delta x_{测} - \sum \Delta x_{理} = \sum \Delta x_{测}$$
$$f_y = \sum \Delta y_{测} - \sum \Delta y_{理} = \sum \Delta y_{测}$$
(4-1-27)

坐标增量闭合差的调整与附合导线相同,坐标计算中应推算回已知点作为校核。

【例 4-1-3】 闭合导线坐标计算见表 4-1-6。

闭合导线坐标计算　　　　　　　　　　　　　　　表4-1-6

测点	角度观测值(° ′ ″)	改正后角度值(° ′ ″)	方位角(° ′ ″)	边长	坐标增量(m) Δx	坐标增量(m) Δy	改正后坐标增量(m) Δx	改正后坐标增量(m) Δy	坐标(m) x	坐标(m) y
1	2	3	4	5	6	7	8	9	10	11
A	左角								301 152.805	510 653.195
			181 56 47	140.028	-4 -139.947	-14 -4.756	-139.951	-4.770		
B	+4 71 31 42	71 31 46							301 012.854	510 648.425
			73 28 33	159.109	-4 +45.254	-17 +152.538	+45.250	+152.521		
1	+4 204 13 57	204 14 01							301 058.104	510 800.946
			97 42 34	145.128	-4 -19.469	-15 +143.816	-19.473	+143.801		
2	+4 86 36 29	86 36 33							301 038.631	510 944.747
			4 19 07	164.357	-4 +163.890	-17 +12.377	+163.886	+12.360		
3	+4 91 08 46	91 08 50							301 202.517	510 957.107
			275 27 57	141.990	-4 +13.525	-15 -141.344	+13.521	-141.359		
4	+4 153 16 35	153 16 39							301 216.038	510 815.748
			248 44 36	174.400	-5 -63.228	-18 -162.535	-63.233	-1 262.553		
A	+4 113 12 07	113 12 11							301 152.805	510 653.195
B			181 56 47							
Σ	719 59 36	720 00 00		925.012	+0.025	+0.096	0.000	0.000		

$\sum \beta_{测} = 719°59'36''$

按三级导线 $f_{\beta限} = \pm(24\sqrt{n})'' = \pm(24\sqrt{6})'' = \pm59'' > 24''$(合格)

$\sum \beta_{理} = 720°, f_\beta = -24''$

$v_\beta = +f_\beta/n = -4''$

$f_x = +0.025(m), f_y = +0.096(m)$

$f = \sqrt{f_x^2 + f_y^2} = 0.099(m)$

$K = \dfrac{f}{\sum d} = \dfrac{1}{(\sum d)/f} \approx \dfrac{1}{9\ 300} < \dfrac{1}{5\ 000}$

工作任务二　交会法定点

一、相关知识

当平面控制点的密度不能满足测图或施工放样的要求,需要加密的控制点不多时,可以采用交会法加密控制点。常用的交会定点方法有前方交会、侧方交会、后方交会和距离交会。

1. 前方交会

在两已知点 A、B 上分别观测水平角 α、β，根据两已知点坐标和角度观测值计算待定点 P 的坐标，这样的定点方法称为前方角度交会，简称前方交会。如图 4-2-1 所示，P 点位置的精度除了与 α、β 角的观测精度有关外，还与 γ 角的大小有关。γ 角接近 90°时精度最高，在不利的条件下，γ 角也不应小于 30°或大于 120°。为了进行检核和提高点位精度，在实际工作中，通常要在三个控制点上进行交会，用两个三角形分别计算待定点的坐标，既可取其平均值为最后结果，也可以根据两者的差值判定观测结果是否可靠。

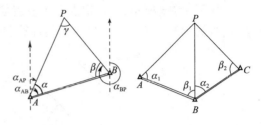

图 4-2-1 前方交会

要计算 P 点坐标，需要计算已知点到 P 点的坐标增量，而坐标增量的计算又需知道边长值及边的坐标方位角。因此，首先应根据两已知点间的方位角 α_{AB} 和测得的 α、β 角推算方位角 α_{AP}；再根据已知点间的距离 D_{AB}，应用正弦定理求得边长 D_{AP}；然后计算坐标增量，进而求得 P 点坐标。其公式推导如下：

$$\begin{aligned}
x_P - x_A &= D_{AP} \cdot \cos\alpha_{AP} \\
&= \frac{D_{AB} \cdot \sin\beta}{\sin(\alpha+\beta)} \cdot \cos(\alpha_{AB} - \alpha) \\
&= \frac{D_{AB} \cdot \sin\beta}{\sin\alpha\cos\beta + \cos\alpha\sin\beta} \cdot (\cos\alpha_{AB}\cos\alpha + \sin\alpha_{AB}\sin\alpha) \\
&= \frac{\dfrac{D_{AB} \cdot \sin\beta}{\sin\alpha \cdot \sin\beta}}{\dfrac{\sin\alpha\cos\beta + \cos\alpha\sin\beta}{\sin\alpha \cdot \sin\beta}} \cdot (\cos\alpha_{AB}\cos\alpha + \sin\alpha_{AB}\sin\alpha) \\
&= \frac{D_{AB} \cdot \cos\alpha_{AB} \cdot \cot\alpha + D_{AB} \cdot \sin\alpha_{AB}}{\cot\beta + \cot\alpha} \\
&= \frac{\Delta x_{AB} \cdot \cot\alpha + \Delta y_{AB}}{\cot\alpha + \cot\beta} \\
&= \frac{(x_B - x_A) \cdot \cot\alpha + y_B - y_A}{\cot\alpha + \cot\beta} \\
x_P &= x_A + \frac{(x_B - x_A) \cdot \cot\alpha + y_B - y_A}{\cot\alpha + \cot\beta}
\end{aligned}$$

同理可得：

$$y_P = y_A + \frac{(y_B - y_A) \cdot \cot\alpha + x_A - x_B}{\cot\alpha + \cot\beta}$$

整理后得：

$$\left.\begin{aligned}
x_P &= \frac{x_A\cot\beta + x_B\cot\alpha - y_A + y_B}{\cot\alpha + \cot\beta} \\
y_P &= \frac{y_A\cot\beta + y_B\cot\alpha + x_A - x_B}{\cot\alpha + \cot\beta}
\end{aligned}\right\} \quad (4\text{-}2\text{-}1)$$

应用式(4-2-1)时，要注意 A、B、P 的点号须按逆时针次序排列，见图 4-2-1。

2. 侧方交会

侧方交会与前方交会相似。如图 4-2-2 所示，A、B 为已知点，侧方交会就是在一个已知控制点(如 A 点)和一个待定点 P 上安置经纬仪,观测水平角 α、γ 以计算待定点坐标的方法。为了进行检核,一般还要在待定点观测第 3 个控制点方向的水平角 θ。计算时,先计算出 $\beta = 180° - (\alpha + \gamma)$,然后按照前方交会的计算方法求出 P 点的坐标并检核。

3. 后方交会

如图 4-2-3 所示,在待定点 P 上安置仪器,对三个已知点 A、B、C 进行观测,测得水平角 α、β、γ,根据已知点坐标和角度观测值计算 P 点坐标,这种方法称为后方交会。

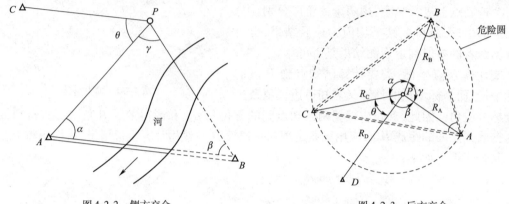

图 4-2-2 侧方交会　　　　　　图 4-2-3 后方交会

这种方法的特点是:不必在已知点上设站架仪器,野外工作量少;待定点 P 可以在已知点组成的 △ABC 之内,也可以在之外。但当 P 点处于三个已知点构成的圆周上时,用后方交会将无法解出 P 点坐标,我们把由三个已知点构成的圆称为危险圆。因此,要避免将 P 选在危险圆附近。

计算后方交会点的公式很多,且推导过程复杂,下面给出适宜于计算器计算的计算公式。

设由 A、B、C 三个已知点构成的三角形的三个内角分别为 $\angle A$、$\angle B$、$\angle C$,在 P 点观测 A、B、C 三点的方向值 R_A、R_B、R_C 构成的三个水平角 α、β、γ 为:

$$\left.\begin{array}{l}\alpha = R_B - R_C \\ \beta = R_C - R_A \\ \gamma = R_A - R_B\end{array}\right\}$$

设 A、B、C 三个已知点的平面坐标为 (x_A, y_A)、(x_B, y_B)、(x_C, y_C),令:

$$\left.\begin{array}{l}P_A = \dfrac{1}{\cot \angle A - \cot \alpha} \\ P_B = \dfrac{1}{\cot \angle B - \cot \beta} \\ P_C = \dfrac{1}{\cot \angle C - \cot \gamma}\end{array}\right\}$$

则 P 点坐标为:

$$\left.\begin{array}{l}x_P = \dfrac{P_A x_A + P_B x_B + P_C x_C}{P_A + P_B + P_C} \\ y_P = \dfrac{P_A y_A + P_B y_B + P_C y_C}{P_A + P_B + P_C}\end{array}\right\} \tag{4-2-2}$$

如果把 P_A、P_B、P_C 看作是三个已知点 A、B、C 的权,则待定点 P 的坐标就是三个已知点坐标的加权平均值。

4. 距离交会

如图4-2-4所示,分别测量两个已知点A、B与待定点P之间的水平距离a、b,就可计算P点坐标,这种方法称为距离前方交会,简称距离交会。为了检核和提高P点的坐标精度,通常采用三边交会法。三边交会即观测三条边,分两组计算P点的坐标,并进行检核,最后取平均值作为P点的坐标。

通常测距仪用于测距比测角更简便、快捷、精度高,并且测距仪可根据实际情况,或置于已知点或置于待定点上测距,因此距离交会已成为一种最常用的定点方法。

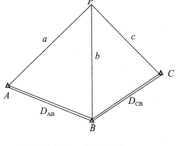

图4-2-4 距离交会

P点坐标计算公式推导如下:

由已知点反算边的方位角和边长分别为α_{AB}、α_{CB}和D_{AB}和D_{CB}。

如图4-2-4所示,在三角形ABP中,

$$\cos\angle A = \frac{D_{AB}^2 + a^2 - b^2}{2 \cdot D_{AB} \cdot a}$$

则

$$\left.\begin{array}{l}\alpha_{AP} = \alpha_{AB} - \angle A \\ x'_P = x_A + a \cdot \cos\alpha_{AP} \\ y'_P = y_A + a \cdot \sin\alpha_{AP}\end{array}\right\} \quad (4\text{-}2\text{-}3)$$

同样,在三角形CBP中,

$$\cos\angle C = \frac{D_{CB}^2 + c^2 - b^2}{2 \cdot D_{CB} \cdot c}$$

$$\left.\begin{array}{l}\alpha_{CP} = \alpha_{CB} - \angle C \\ x''_P = x_C + c \cdot \cos\alpha_{CP} \\ y''_P = y_C + c \cdot \sin\alpha_{CP}\end{array}\right\} \quad (4\text{-}2\text{-}4)$$

按式(4-2-3)和式(4-2-4)计算的两组坐标,其较差在容许限差内,则取它们的平均值作为P点的最后坐标。

二、任务实测

在地形测图或工程施工时,由于地形条件等的原因,经常出现控制点的密度不能满足作业要求的情况,此时则需要进行控制点加密,即补点。

1. 经纬仪交会定点

常规加密控制点的方法就是利用经纬仪根据具体情况选用上述方法进行作业。

(1)仪器、资料的准备

准备好交会定点所必需的测量仪器、工具和相关资料。

(2)现场踏勘、选点

根据测区测图或工程施工加密点位的需要,结合测区已知控制点的位置和地形情况,实地选择所需加密点的位置并加桩或埋石,确定交会定点的具体方法。

(3)测量实施

根据测区地形测量或工程实施的精度要求,按照选定的交会定点法具体的操作步骤,安置仪器并完成具体的测量工作(水平角或距离测量)。具体观测方法、程序、记录等参照相应项

目的作业要求进行。

(4)内业计算

根据外业测量数据经过检查无误后,按照上述各交会法相应的计算公式进行加密点坐标的计算,并对成果进行必要的检核和精度评定。

2.全站仪交会定点

目前全站仪在各工程单位已经广泛使用,而大多数全站仪都具有前方交会和后方交会的专业测量功能。其工作原理就是:在全站仪内置模块里已经设置有前方交会和后方交会的外业测量工作程序和内业计算公式,只要按照全站仪菜单提示步骤去操作,就能快速、方便地完成交会定点工作,得到加密控制点的平面坐标(x,y)和高程(H)。由于不同型号的全站仪菜单操作方法不尽相同,所以这里就不对具体操作步骤进行介绍,请根据全站仪具体型号参照说明书进行作业。

工作任务三　三、四等水准测量

一、相关知识

三、四等水准测量除用于国家高程控制网的加密外,还用于建立小区域首级高程控制网,以及建筑施工区内工程测量及变形观测的基本控制。三、四等水准点的高程应从附近的一、二等水准点引测。独立测区可采用闭合水准路线。三、四等水准点应选在土质坚硬、便于长期保存和使用的地方,并应埋设水准标石。水准点应绘制点之记。

三、四等水准测量的操作方法、观测程序都有一定的技术要求。表4-3-1是三、四等水准测量的主要技术指标。

三、四等水准测量的主要技术要求　　　　　表4-3-1

等级	视距 (m)	高差闭合差限差 (mm)		视线高度	前后视距差 (m)	前后视距累积差 (m)	黑、红面读数差 (mm)	黑、红面所测高差之差 (mm)
		平地	山区					
三等	≤75	$\pm 12\sqrt{L}$	$\pm 4\sqrt{n}$	三丝能读数	≤2.0	≤5.0	≤2.0	≤3.0
四等	≤100	$\pm 20\sqrt{L}$	$\pm 6\sqrt{n}$	三丝能读数	≤3.0	≤10.0	≤3.0	≤5.0

二、任务实施

1.三、四等水准测量的观测与计算方法

(1)每一测站上的观测顺序

三等水准测量一般采用"后—前—前—后"的观测顺序,即为:

后视黑面尺,读下、上、中丝,即(1)、(2)、(3);

前视黑面尺,读下、上、中丝,即(4)、(5)、(6);

前视红面尺,读中丝,即(7);

后视红面尺,读中丝,即(8)。

这样的顺序主要是为了减小仪器下沉误差的影响。

四等水准测量每一站的观测顺序为:

后视黑面尺,读下、上、中丝;

后视红面尺,读中丝;

前视黑面尺,读下、上、中丝;

前视红面尺,读中丝。

这样的观测顺序简称为"后—后—前—前"。四等水准测量每站观测顺序也可为"后—前—前—后",方法同三等水准测量的观测顺序。

中丝读数是用来计算高差的,因此,在每次读取中丝读数前,都要注意使符合水准气泡居中。

(2)测站的计算、检核与限差

①视距计算:

后视距离(9) = (1) − (2)

前视距离(10) = (4) − (5)

前、后视距差(11) = (9) − (10)。三等水准测量,不得超过 ±3m;四等水准测量,不得超过 ±5m。

前、后视距累积差本站(12) = 前站(12) + 本站(11)。三等水准测量不得超过 ±5m,四等水准测量不得超过 ±10m。

②同一水准尺黑、红面读数差:

前尺:(13) = (6) + K_1 − (7)

后尺:(14) = (3) + K_2 − (8)

三等水准测量不得超过 ±2mm,四等水准测量不得超过 ±3mm。K_1、K_2 分别为前尺、后尺的红、黑面常数差。

(3)高差计算

黑面高差(15) = (3) − (6)

红面高差(16) = (8) − (7)

检核计算(17) = (14) − (13) = (15) − (16) ± 0.100。三等水准测量,不得超过 ±3mm;四等水准测量,不得超过 ±5mm。

高差中数(18) = $\frac{1}{2}${(15) + [(16) ± 0.100]}

上述各项记录、计算见表4-3-2。观测时,若发现本测站某项限差超限,应立即重测,只有各项限差均达到容许范围内,方可移站。

2. 每页计算的检核

后视部分总和减前视部分总和应等于末站视距累积差。即:

$$\Sigma(9) - \Sigma(10) = 末站(12)$$

$$\frac{1}{2}[\Sigma(15) + \Sigma(16) \pm 0.100] = \Sigma(18)$$

在每测站检核的基础上,应进行每页计算的检核。

$$\Sigma(15) = \Sigma(3) - \Sigma(6)$$

$$\Sigma(16) = \Sigma(8) - \Sigma(7)$$

$$\Sigma(9) - \Sigma(10) = 本页末站(12) - 前页末站(12)$$

测站数为偶数时:

$$\sum(18) = \frac{1}{2}\left[\sum(15) + \sum(16)\right]$$

测站数为奇数时:

$$\sum(18) = \frac{1}{2}\left[\sum(15) + \sum(16) \pm 0.100\right]$$

3. 水准路线测量成果的计算、检核

三、四等附合或闭合水准路线高差闭合差的计算、调整方法与普通水准测量相同。

当测区范围较大时,要布设多条水准路线。为了使各水准点高程精度均匀,必须把各线段连在一起,构成统一的水准网。采用最小二乘法原理进行平差,从而求解出各水准点的高程。

三、四等水准测量观测记录见表4-3-2。

三、四等水准测量观测记录 表4-3-2

测站编号	点号	后尺 下丝 上丝 后视距 视距差 d	前尺 下丝 上丝 前视距 累积差 $\sum d$	方向及尺号	中丝水准尺读数 黑面	中丝水准尺读数 红面	$K+$黑$-$红 (mm)	平均高差 (m)	备注
		(1) (2) (9) (11)	(4) (5) (10) (12)	后 前 后-前	(3) (6) (15)	(8) (7) (16)	(14) (13) (17)	(18)	
1	BM$_1$ TP$_1$	1.426 0.995 43.1 +0.1	0.801 0.371 43.0 +0.1	后01 前02 后-前	1.211 0.586 +0.625	5.998 5.273 +0.725	0 0 0	+0.625 0	
2	TP$_1$ TP$_2$	1.812 1.296 51.6 -0.2	0.570 0.052 51.8 -0.1	后02 前01 后-前	1.554 0.311 +1.243	6.241 5.097 +1.144	0 +1 -1	+1.243 5	$K_{01}=4.787$ $K_{02}=4.687$ 已知 BM$_1$ 的高程为: $H_1=56.345$
3	TP$_2$ TP$_3$	0.889 0.507 38.2 +0.2	1.713 1.333 38.0 +0.1	后01 前02 后-前	0.398 1.523 -0.825	5.486 6.210 -0.724	-1 0 -1	-0.824 5	
4	TP$_3$ A	1.891 1.525 36.6 -0.2	0.758 0.390 36.8 -0.1	后02 前01 后-前	1.708 0.574 +1.134	6.369 5.361 +1.034	0 0 0	+1.134 0	
检核计算		$\sum(9)=169.5$ $-)\sum(10)=169.6$ $=-0.1$ 总视距$=\sum(9)+\sum(10)=339.1$	$\sum[(3)+(8)]=29.291$ $-)\sum[(6)+(7)]=24.935$ $=+4.356$		$\sum[(15)+(16)]=+4.356$ $\sum(18)=+2.178$ $2\sum(18)=+4.356$				

工作任务四 三角高程测量

一、相关知识

在地形起伏较大地区或山区进行高程控制测量,若用水准测量则速度慢、困难大,这时可应用经纬仪、全站仪来进行三角高程测量。

三角高程测量的原理是:根据地面上两点间的水平距离及竖直角关系,应用三角学的公式计算两点间的高差。如图4-4-1所示,已知 A 点的高程 H_A,要求测定 A、B 两点间高差 h_{AB},并计算 B 点的高程 H_B。可在已知点 A 安置经纬仪,在 B 点竖立标杆,用望远镜中丝瞄准标杆的顶点 M,测出竖直角 α,量出标杆高 v 及仪器高 i。

根据 A、B 两点之间的平距 D,可得:

$$h_{AB} = D \cdot \tan\alpha + i - v \quad (4\text{-}4\text{-}1)$$

由此得到 B 点的高程为:

$$H_B = H_A + h_{AB} = H_A + D \cdot \tan\alpha + i - v \quad (4\text{-}4\text{-}2)$$

当两点间距离大于400m时,三角高程测量还应考虑地球曲率和大气折光的影响,即三角高程测量测出的高差 h_{AB} 要加上球气差改正数。

$$f = 0.43 \frac{D^2}{R}$$

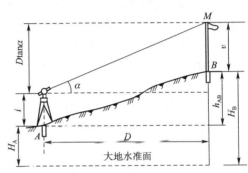

图4-4-1 三角高程测量

式中:D——两点间水平距离;
R——地球半径,取6 371km。

三角高程测量一般应进行往返观测,即由已知点 A 向未知点 B 观测,称为直觇;而后又由 B 点向 A 点观测,称为反觇。这样的观测,称为对向观测或双向观测。对向观测可以抵消球气差的影响。

二、任务实施

1. 三角高程测量的观测与计算

小区域三角高程控制测量按精度等级的高低,一般可分为四等、五等和图根级三角高程测量,其主要技术要求见表4-4-1。

小区域三角高程控制测量主要技术要求　　　　　　表4-4-1

等级	仪器	测回数		指标差较差(″)	竖直角较差(″)	对向观测高差较差(mm)	附合或环形闭合差(mm)
		三丝法	中丝法				
四等	DJ_2		3	≤7	≤7	$40\sqrt{D}$	$20\sqrt{\sum D}$
五等	DJ_2	1	2	≤10	≤10	$60\sqrt{D}$	$30\sqrt{\sum D}$
图根	DJ_6		1			≤400D	$0.1H_d\sqrt{n}$

注:1. D 为电磁波测距边长度(km),n 为边数。
2. H_d 为等高距(m)。
3. 边长>400m时,应考虑地球曲率和大气折光的影响。

三角高程控制测量宜在平面控制点的基础上布设成三角高程网或高程导线,也可以布置为闭合或附合的高程路线。三角高程测量的观测与计算如下:

(1)安置仪器于测站,量仪器高 i 及标杆高 v,读数至毫米(mm)。

(2)用经纬仪进行竖直角观测,观测的测回数、指标差较差、竖直角较差如果满足表4-4-1中的规定,取其平均值作为竖直角的最后结果。

(3)应用公式(4-4-1)、式(4-4-2)计算高差、高程。若采用对向观测,则对向观测所求得的高差较差应满足表4-4-1中的规定。若符合要求,则取两次高差的平均值作为高差结果。

2. 测距仪三角高程测量

测距仪三角高程测量就是利用光电测距仪获得两点间的斜距或平距而进行的三角高程测量。

随着光电测距仪、全站仪的广泛应用,测距仪三角高程测量也得到了广泛应用。《工程测量规范》(GB 50026—2007)亦对其主要技术要求做出了规定,测距仪三角高程测量的精度完全可以达到三、四等水准测量的要求。

测距仪三角高程测量原理、观测和计算方法与普通三角高程测量相同。如图4-4-1所示,在 A 点安置测距仪或全站仪,在 B 点安置棱镜,测出 AB 间斜距 S 或平距 D。若测得斜距 S,则式(4-4-1)、式(4-4-2)分别变为:

$$h_{AB} = S \cdot \sin\alpha + i - v \tag{4-4-3}$$

$$H_B = H_A + h_{AB} = H_A + S \cdot \sin\alpha + i - v \tag{4-4-4}$$

测距仪三角高程测量的主要技术要求参见表4-4-1。采用全站仪、测距仪测量时,可先将气温、气压、球气差改正数、仪器加常数、仪器乘常数等各项参数输入仪器,由仪器自行改正。

工作任务五 全站仪及其使用

一、相关知识

全站型电子速测仪简称全站仪,它是一种可以同时进行角度(水平角、竖直角)测量、距离(斜距、平距、高差)测量和数据处理,由机械、光学、电子元件组合而成的测量仪器。由于只需一次安置,仪器便可以完成测站上所有的测量工作,故被称为全站仪。

全站仪具有以下几个特点:

(1)三同轴望远镜

在全站仪的望远镜中,照准目标的视准轴、光电测距的红外发射光轴和接收光轴是同轴。因此,测量时使望远镜照准目标棱镜的中心,就可以同时测定水平角、竖直角和斜距。

(2)键盘操作

全站仪测量时通过键盘输入指令进行操作,键盘上的键分为硬键和软键两种。每个硬键有一个固定功能,或兼有第二、第三功能;软键(一般为F1、F2、F3、F4等)的功能通过屏幕最下一行相应位置显示的字符进行提示,在不同的菜单下,软键一般具有不同的功能。

(3)数据存储与通信

主流全站仪一般带有可以存储3 000个以上点的观测数据的内存,有些还配有储存卡来增加存储容量。仪器上设有一个标准的RS-232C通信接口,使用专用电缆线与计算机的COM口连接,通过专用软件可以实现全站仪与计算机的双向数据传输。

(4)倾斜传感器

当仪器未精确整平而使竖轴倾斜时,引起的角度观测误差不能通过盘左、盘右观测取平均来抵消。为了消除竖轴倾斜误差对角度观测的影响,全站仪上一般设置有电子倾斜传感器,当它处于打开状态时,仪器能自动测量出竖轴倾斜的角度值,据此计算出对角度观测的影响值并显示出来,同时自动对角度观测值进行改正。

二、任务实施

不同型号的全站仪,其具体操作方法会有较大的差异,下面简要介绍全站仪的基本操作与使用方法。

1. 水平角测量

(1)按角度测量键,使全站仪处于角度测量模式,照准第一个目标 A。

(2)设置 A 方向的水平度盘读数为 $0°00'00''$。

(3)照准第二个目标 B,此时显示的水平度盘读数即为两方向间的水平夹角。

2. 距离测量

(1)设置棱镜常数。测距前须将棱镜常数输入仪器中,仪器会自动对所测距离进行改正。

(2)设置大气改正值或气温、气压值。光在大气中的传播速度会随大气温度和气压的变化而变化,15℃和760mmHg(1mmHg = 133.322Pa)是仪器设置的一个标准值,此时的大气改正值为0。实测时,可输入温度和气压值,全站仪会自动计算大气改正值(也可直接输入大气改正值),并对测距结果进行改正。

(3)量仪器高、棱镜高并输入全站仪。

(4)距离测量。照准目标棱镜中心,按测距键,距离测量开始,测距完成时显示斜距、平距、高差。

全站仪的测距模式有精测模式、跟踪模式和粗测模式三种。精测模式是最常用的测距模式,测量时间约为2.5s,最小显示单位为1mm;跟踪模式常用于跟踪移动目标或放样时连续测距,最小显示一般为1cm,每次测距时间约为0.3s;粗测模式测量时间约为0.7s,最小显示单位为1cm或1mm。在距离测量或坐标测量时,可按测距模式(MODE)键选择不同的测距模式。

应注意的是,有些型号的全站仪在距离测量时不能设定仪器高和棱镜高,显示的高差值是全站仪横轴中心与棱镜中心的高差。

3. 坐标测量

(1)设定测站点的三维坐标。

(2)设定后视点的坐标或设定后视方向的水平度盘读数为其方位角。当设定后视点的坐标时,全站仪会自动计算后视方向的方位角,并设定后视方向的水平度盘读数为其方位角。

(3)设置棱镜常数。

(4)设置大气改正值或气温、气压值。

(5)量仪器高、棱镜高并输入全站仪。

(6)照准目标棱镜,按坐标测量键,全站仪开始测距并计算显示测点的三维坐标。

习 题

1. 导线布设有几种形式?导线测量的外业工作是什么?

2. 叙述三、四等水准测量一个测站的观测顺序,并说明如何记录、如何计算以及要满足哪些要求。

3. 一闭合导线1234(导线为逆时针编号),已知点1的坐标为(589.36,1 258.45),12边的坐标方位角为 $\alpha_{12} = 56°35'16''$,测得各左角分别为 $\beta_1 = 84°32'19''$、$\beta_2 = 91°08'23''$、$\beta_3 = 101°33'47''$、$\beta_4 = 82°46'29''$,测得各边长分别为 $D_{12} = 100.29$m、$D_{23} = 91.96$m、$D_{34} = 93.64$m、$D_{41} = 113.18$m,试计算2、3、4点的坐标。

4. 在前方交会中,已知 A、B 两点的坐标分别为 $A(646.36,154.68)$、$B(873.96,214.47)$,测得 $\alpha_A = 65°45'32''$、$\alpha_B = 57°42'08''$,试计算待定点 P 的坐标。

模块五 地形图的测绘与应用

学习目标

本模块介绍了地形图的比例尺、地形图的图示、测图前的准备工作,碎部点平面位置的测量方法,地形测图的方法和地形图的绘制。通过本模块学习,应掌握地形图比例尺的概念和种类;掌握地形图比例尺精度的计算及其内涵;熟知地物和地貌在地形图上的表示方法;掌握在地形图上确定点的坐标、两点间的水平距离和方位角以及点的高程和直线坡度的方法,掌握在地形图上量算图形面积的方法;能够应用地形图绘制已知方向的断面图;能够在地形图上按限制坡度选择最短的线路;能够应用地形图进行土地平整并计算土方量。

学习要求

知识要点	能力要求	相关知识
地形图的比例尺	(1)能够根据地形图的比例尺进行图上距离和实地距离的换算 (2)能够根据地形图比例尺精度,确定量距的精度	(1)地形图比例尺的定义 (2)地形图比例尺精度的定义
地形图的图示	(1)能够认识地形图符号 (2)掌握等高线的特性 (3)能够根据等高线判断地貌形态	(1)地物、地貌符号 (2)典型地貌的表示方法 (3)等高线的定义和种类
地形图测图的常规方法	(1)能够绘制坐标方格网 (2)了解经纬仪测图的作业步骤	(1)测图前的准备工作 (2)经纬仪测图的方法
地形图的绘制	(1)能够进行地物描绘 (2)能够勾绘等高线 (3)能够进行地形图的拼接、检查与整饰	(1)地物的描绘方法 (2)目估法等比内插勾绘等高线 (3)地形图的拼接、检查与整饰方法
地形图的应用	(1)能够根据地形图确定图上点的坐标和高程 (2)能够根据地形图确定图上两点间的平距、直线的方位角和坡度 (3)能够在地形图上量算图形的面积 (4)能够按限制坡度选择最短线路	(1)求图上某点坐标和高程 (2)图解法、解析法计算图上两点间水平距离、直线的方位角和坡度 (3)图解法、坐标计算法、平行线法、透明方格纸法和求积仪法量算面积

工作任务一 大比例尺地形图的测绘

一、相关知识

地球表面上的物体概括起来可以分为地物和地貌两大类。地物是指自然形成或人工建成的有明显轮廓的物体,如道路、桥梁、隧道、房屋、耕地、河流、湖泊、树木、电线杆等。地貌是指地面高低起伏变化的地势,如平原、丘陵、山脉等。

从狭义上讲,地形是指地貌;从广义上讲,地形是地物和地貌的总称。测量学中用地形图表示地物、地貌的状况及地面点之间的相互位置关系。

地形图是把地面上地物和地貌的形状、大小和位置,采用正射投影的方法,运用特定的符号,按一定的比例尺缩绘于平面图形中。地形图既表示地物的平面位置,也表示地貌的形态。如果图纸上只反映地物的平面位置,而不反映地貌的形态,则称为平面图。地形图是用许多专用符号和注记表示出来的。如果符号不统一,就会给地形图的使用者造成混乱。国家测绘机关曾颁发了各种比例尺的《地形图图示》,各个企业部门也都按照国家的规定,结合本部门的特点,补充了一些具体的图例,供测绘和识图时应用。

如果考虑地球曲率的影响,采用地图投影的方法绘制的全球、全国、全省的大区域的图称为地图。地形图是规划、设计工作的重要依据,在进行道路、桥梁、地下管道和房屋建筑等各种工程的规划和设计时,都必须对拟建地区的情况做周密的调查研究,以便使规划、设计工作从实际情况出发,使工程得以顺利进行。

1. 地形图的基本知识

地形图上某一线段长度与实地相应线段的水平长度之比,称为地形图的比例尺。根据表示方法不同,比例尺可分为数字比例尺和直线比例尺两种。

(1)数字比例尺

数字比例尺一般用分子为1的分数形式表示。设图上某一直线的长度为 d,地面上相应直线的水平长度为 D,则图的比例尺为:

$$\frac{d}{D} = \frac{1}{M} \tag{5-1-1}$$

式中,分母 M 为缩小的倍数,分母越大,比例尺越小,反之,分母越小,比例尺就越大。

例如:图上 1cm 的长度表示地面上 1m 的水平长度,称为百分之一的比例尺;图上 1cm 表示地面上 10m 的水平长度,称为千分之一的比例尺。

通常把 1∶500、1∶1 000、1∶2 000 和 1∶5 000 的比例尺的地形图称为大比例尺地形图,把 1∶10 000、1∶25 000、1∶50 000、1∶100 000 的比例尺的地形图称为中比例尺地形图,小于 1∶100 000 的比例尺的地形图称为小比例尺地形图。

数字比例尺按地形图图示规定,书写在图廓下方正中。

(2)直线比例尺

用图上线段长度表示实际水平距离的比例尺,称为直线比例尺,又称图示比例尺,如图 5-1-1 所示。

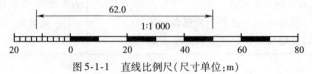

图 5-1-1　直线比例尺(尺寸单位:m)

直线比例尺一般都画在地形图的底部中央,以 2cm 为基本单位。绘制方法如下:

①先在图纸上绘一条直线,在该直线上截取若干 2cm 或 1cm 的线段,这些线段称为比例尺的基本单位。

②将最左端的基本单位再分成 20 或 10 等份,然后,在基本单位的右分点上注记 0。

③自 0 点起,在向左向右的各分点上,注记不同线段所代表的实际长度。

图纸在干湿情况不同时是有伸缩的,图纸在使用过程中也要变形,若用木制的三棱尺去量图上的长度,则必然产生一些误差。为了用图方便,以及减小图纸伸缩而引起的误差,一般图廓的下方绘一直线比例尺,用以直接量度图上直线的实际水平距离。用图时,以图上所绘的直线比例尺为准,则由于图纸的伸缩而产生的误差就可以基本消除。

使用直线比例尺时,要用分规在地形图上量出某两点间的距离,然后将分规移至直线比例尺上,使其一个脚尖对准 0 右边的某个整分划线,从另一脚尖读取左边的小分划,并估读余数。如图 5-1-1 所示,实地水平距离为 62.0m。

(3) 比例尺精度

①定义:人们用肉眼能直接分辨出的图上最小距离为 0.1mm,假如地面上某距离按比例尺缩小后,长度短于 0.1mm 时,则在图上画不出来。因此,地形图上 0.1mm 所代表的实地水平长度称为比例尺精度。

②计算公式:

$$\varepsilon = 0.1 \times M \tag{5-1-2}$$

式中:ε——比例尺精度;

M——地形图数字比例尺分母。

比例尺大小不同,比例尺精度就不同。常用大比例尺地形图的比例尺精度如表 5-1-1 所示。

大比例尺地形图的比例尺精度   表 5-1-1

比例尺	1:500	1:1 000	1:2 000	1:5 000	1:10 000
比例尺精度(m)	0.05	0.1	0.2	0.5	1

③比例尺精度的重要意义:

a. 当测图比例尺确定后,根据比例尺的精度,可以推算出测量距离时应精确到什么程度。例如,测绘 1:2 000 比例尺的地形图时,测量地面上距离的精度只需 0.2m,因测量得再精确,小于 0.2m 的地物在地形图上也表示不出来。

b. 为使某种尺寸的物体和地面形态都能在图上表示出来,可按要求确定测图比例尺。例如,要求在图上能表示出 1m 长,则所用的比例尺不应小于 1:10 000。

2. 地物的表示方法

地形图上的主要内容是地物和地貌,在地形图上地物都用规定的符号表示,这种符号称为地物符号。我国由国家测绘局制定、技术监督局发布的《地形图图示》,对地形图上的符号作了统一的规定,按不同的比例尺分为若干册。测绘地形图时,应按照比例尺的不同,选用相应的地形图图示所规定的符号来绘制,同时,应选用最新版本为依据。表 5-1-2 是《地形图图示》的一部分。

地 形 图 图 示   表 5-1-2

编号	符号名称	图 例	编号	符号名称	图 例
1	三角点 凤凰山—点名 394.468—高程	凤凰山 394.466 3.0	2	导线点 I 16—等级, 点名 84.46—高程	2.0 I 16 84.46

77

续上表

编号	符号名称	图例	编号	符号名称	图例
3	水准点 Ⅱ京石5—等级、点名 32.804—高程	2.0 ⊙ Ⅱ京石5/32.804	12	温室、菜窖、花房	温室
4	GPS控制点 B14—级别、点号 495.267—高程	B14/495.267 3.0	13	宣传橱窗、广告牌	1.0 ═══ 2.0
5	一般房屋 混—房屋结构 3—房屋层数	混3 1.6 / 2	14	游泳池	泳
6	台阶	0.6 = ... 1.0 ... 1.0	15	路灯	2.0/1.6/1.0 4.0
7	室外楼梯 a.上楼方向	混8 a / 不表示	16	喷水池	1.0 ⌀ 3.6
8	院门 a.围墙门 b.有门房的	a 0.6 b 1.6 45°	17	假石山	4.0 / 2.0 1.0
9	门顶	1.0	18	塑像 a.依比例尺的 b.不依比例尺的	a b 1.0/4.0/2.0
10	围墙 a.依比例尺的 b.不依比例尺的	10.0 10.0 0.3 0.6	19	旗杆	1.6/4.0 1.0/1.0
11	水塔	⊙ 2.0/1.0 = 3.6 /1.0	20	一般铁路	0.2/0.2 10.0 0.8 10.0 0.4 0.6

续上表

编号	符号名称	图例	编号	符号名称	图例
21	建筑中的铁路	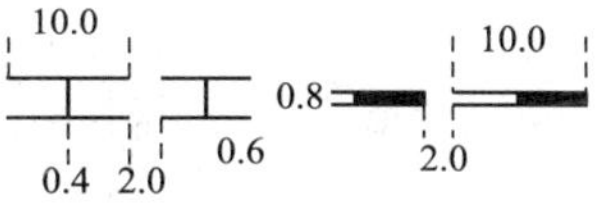 10.0　10.0　0.8　0.4　2.0　0.6　2.0	30	变电室(所) a. 依比例尺的 b. 不依比例尺的	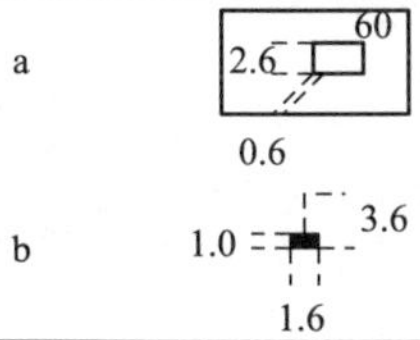 a　2.6　60　0.6 b　1.0　3.6　1.6
22	高速公路 a. 收费站 0—技术等级代码	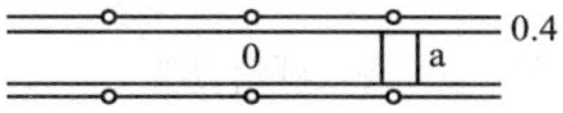 0　a　0.4	31	一般沟渠	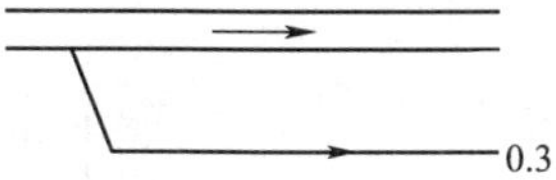 0.3
23	大车路、机耕路	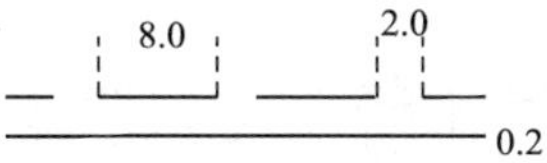 8.0　2.0　0.2	32	村界	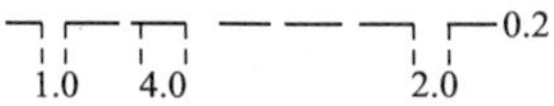 0.2　1.0　4.0　2.0
24	小路	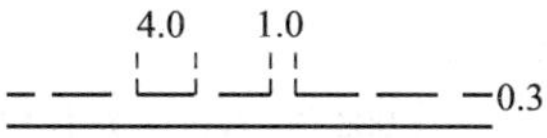 4.0　1.0　0.3	33	等高线 a. 首曲线 b. 计曲线 c. 间曲线	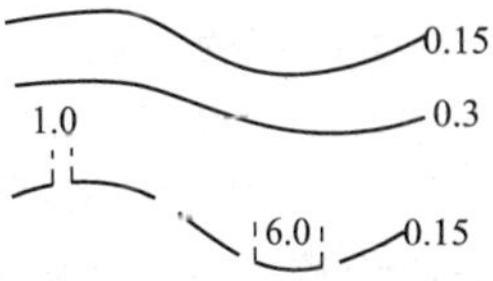 0.15　1.0　0.3　6.0　0.15
25	内部道路	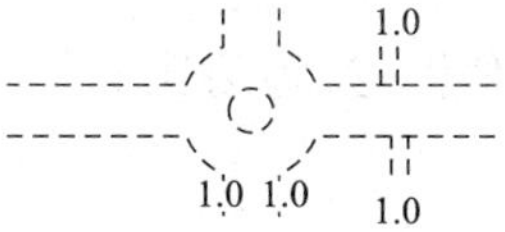 1.0　1.0　1.0	34	示坡线	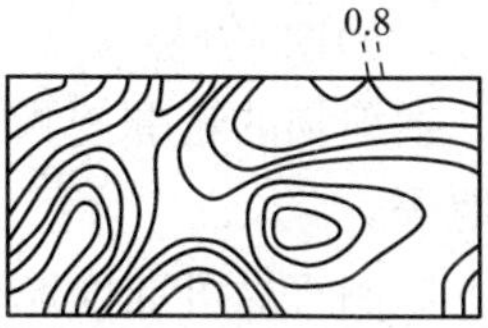 0.8
26	电杆	○	35	一般高程点及注记 a. 一般高程点 b. 独立地物的高程	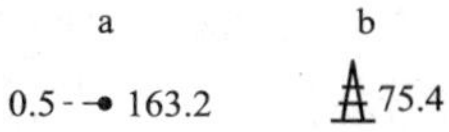 a　b 0.5 • 163.2　75.4
27	电线架	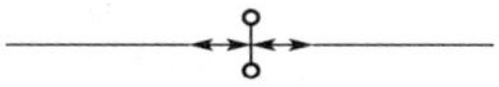	36	滑坡	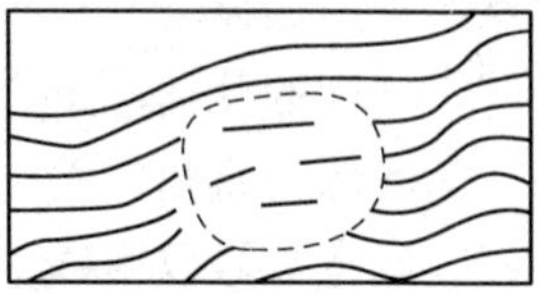
28	低压线	 4.0	37	陡崖 a. 土质的 b. 石质的	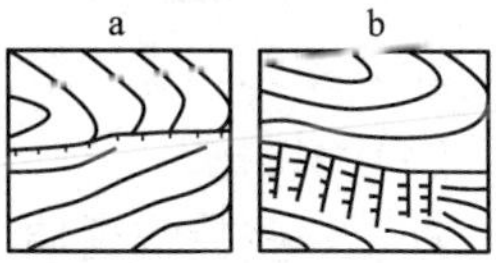 a　b
29	高压线	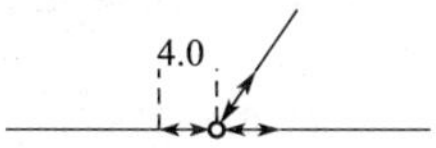 4.0	38	冲沟 3.5—深度注记	 3.5

79

续上表

编号	符号名称	图例	编号	符号名称	图例
39	陡坎 a.未加固的 b.已知固的	a ……2.0 4.0…… b	42	旱地	1.0 … 2.0 … 10.0 … 10.0
40	盐碱地	3.0 2.0	43	水生经济作物地	10.0 3.0 菱 10.0 2.0
41	稻田	0.2 3.0 1.0 10.0 10.0	44	果园	1.6 … 3.0 梨 10.0 10.0

注：1. 图例符号旁标注的尺寸均以毫米(mm)为单位。

2. 在一般情况下，符号的线粗为0.15mm，点的大小为0.3mm。

3. 有的符号为左右两个，凡未注明的，其左边的为1:500和1:1 000的，右边的为1:2 000的。

地物符号可分为比例符号、非比例符号、半比例符号、注记符号四种。

(1) 比例符号

把地物的轮廓按测图比例尺缩绘于图上的相似图形，称为比例符号，如房屋、湖泊、水库、田地等。

比例符号可准确地表示出地物的形状、大小和所在位置。

(2) 非比例符号

当地物轮廓很小，或因比例尺较小，按比例尺无法在地形图上表示出来的，则用统一规定的符号将其表示出来，这种符号称为非比例符号，如测量控制点、电杆、水井、树木、烟囱等。非比例符号不能准确表示出物体的形状和大小，只能表示地物的位置和属性。非比例符号的定位点基本遵循以下几点要求：

①规则的几何图形，其图形几何中心为定位点，如导线点、三角点等。

②底部为直角的符号，以符号的直角顶点为定位点，如独立树、路标等。

③底宽符号以底线的中点为定位点，如烟囱、岗亭等。

④几种图形组合符号，以符号下方图形的几何中心为定位点，如路灯、消火栓等。

⑤下方无底线的符号，以符号下方两端点连线的中心为定位点，如窑洞、山洞等。

(3) 半比例符号

对于一些带状延伸性地物，其长度可按比例尺缩绘，而宽度却不能按比例尺缩绘，这种符号称为半比例符号，如铁路、通信线路、小路、管道、围墙、境界等。半比例符号的线形宽度并不代表实地地物的实宽，只能说明地物的性质和相应的等级，但长度是按比例的，其符号中心线即为实地地物中心线的图上位置。

(4) 注记符号

地形图上用文字、数字或特定符号对地物的性质、名称、高程等加以说明，称为注记符号。

注记是对图式和地形的补充说明,如图上注明的地名、控制点名称、高程、房屋的层数、机关名称、河流的深度、流向等。需要指出的是,比例符号、非比例符号、半比例符号的运用也不是固定不变的,有时同一地物在不同比例尺的地形图上运用的符号就不相同。例如:某道路宽度为6m,在小于1∶10 000的地形图上用半比例符号表示,但是在1∶10 000及其以上大比例尺地形图上则采用比例符号表示。总之,测图比例尺越大,用比例符号描绘的地物越多;测图比例尺越小,用非比例符号和半比例符号描绘的地物越多。

3.地貌的表示方法

地面上各种高低起伏的自然形态,在地形图上常用等高线和规定的符号表示。等高线不仅能表示地面的起伏形态,还能科学地表示出地面的坡度和地面点的高程。

(1)等高线的概念

等高线是地面上高程相等的相邻各点所连成的闭合曲线,也就是水平面(严格来说应是水准面)与地面的交线。

如图5-1-2所示,假想一个山头被水淹没,不久水即往下降落,每降落一定高度,记录一下水面与山的交线,然后把这些交线垂直投影在一个共同的水平面上,并按相应的比例尺缩绘在图纸上,就可以得到等高线图。如开始水面高程为100m,则图上从里向外各等高线高程分别为100m、90m、80m等。

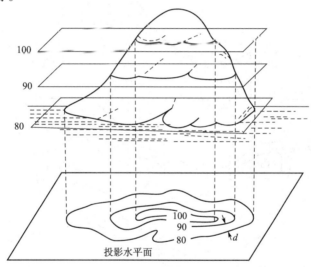

图5-1-2　等高线

(2)等高距和等高线平距

①等高距。地形图上相邻等高线之间的高差称为等高距,也叫作等高线间隔,用h表示。在同一幅地形图上,等高线的等高距相同。等高线的间隔越小,越能详细地表示地面的变化情况;等高线间隔越大,图上表示地面的情况越简略。但是,等高线间隔过小时,地形图上的等高线过于密集,将会影响图面的清晰,而且测绘工作量会增大,花费时间也越长。在测绘地形图时,应按照实际情况,根据测图比例尺的大小和测区的地势陡缓来选择合适的等高距,该等高距称为基本等高距。大比例尺地形图中关于基本等高距的规定见表5-1-3。

②等高线平距。相邻等高线之间的水平距离,称为等高线平距,一般用d表示。

③地面坡度。等高线间隔h与等高线平距d的比值,称为地面坡度,一般用i表示。

$$i = \tan\alpha = \frac{h}{d} \tag{5-1-3}$$

地形图的基本等高距(单位:m)　　　　表 5-1-3

比例尺 \ 地形类别 等高距	平地	丘陵	山地	高山地
1∶500	0.5	0.5	1	2
1∶1 000	0.5	1	2	5
1∶2 000	1	1	2	5

坡度 i 一般以百分率表示,向上为正、向下为负,例如 $i=+5\%$,$i=-2\%$。因为同一幅地形图中等高距 h 相同,所以等高线平距 d 与地面坡度 i 成反比。地面坡度越陡,等高线平距越小;地面坡度越缓,等高线平距越大;地面坡度均匀,等高线平距相等。因此,根据地形图上等高线的疏、密,可以判定地面坡度的陡、缓。

(3)等高线分类

①首曲线。在同一幅地形图上,按规定的基本等高距描绘的等高线,称为首曲线,又称作基本等高线或细等高线。首曲线的高程是基本等高距的整倍数,用宽度为 0.15mm 的细实线描绘,如图 5-1-3 所示的 98m、100m、102m、104m、106m 等高线。

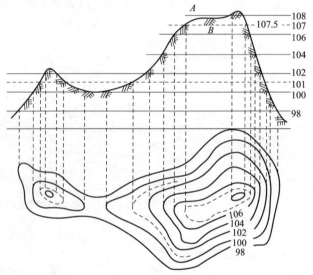

图 5-1-3　等高线的分类

②计曲线。凡是高程能被 5 倍基本等高距整除的等高线,称为计曲线,又称作粗等高线。为了读图方便,计曲线用宽度为 0.3mm 的粗实线描绘,一般地形图只在计曲线上注记高程,如图 5-1-3 所示的 100m 等高线。

③间曲线。当首曲线不足以显示局部地貌特征时,按二分之一基本等高距描绘的等高线,称为间曲线,又称作半距等高线。间曲线用长虚线表示,描绘时可不闭合,如图 5-1-3 所示的 101m、107m 等高线。

④助曲线。当间曲线仍不足以显示局部地貌特征时,按四分之一基本等高距描绘的等高线,称为助曲线,又称作辅助等高线。辅助等高线用短虚线表示,描绘时可不闭合,如图 5-1-3 所示的 107.5m 等高线。

(4)几种基本地貌及其等高线

自然地貌的形态是多种多样的,但可归结为几种典型地貌的综合,了解这些典型地貌等高线的特征,有助于识读、应用和测绘地形图。

①山头和洼地。

a.山头:凸出而高于四周的地貌称为山头。山头的最高部位称为山顶或山峰,侧面为山坡,山坡与平地交界处称为山脚或山麓。

b.洼地:陷落而低于四周的地貌称为洼地,很大的洼地称为盆地。

c.山头与洼地等高线的区分:山头与洼地的等高线都是由一组闭合曲线组成的,形状比较相似,如图5-1-4a)、b)所示。

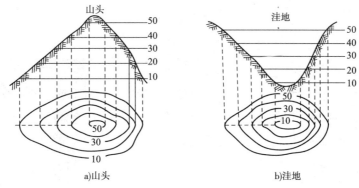

图 5-1-4　山头和洼地

区分山头和洼地等高线的方法有两种:一种是以等高线上所注的高程区分。内圈等高线较外圈等高线的高程高时,表示山头,反之,表示洼地。另一种是利用示坡线来区分。示坡线是在等高线上顺下坡方向所画的短线,与等高线近似垂直,如图5-1-4所示。山头等高线的示坡线在等高线的外侧,洼地等高线的示坡线在等高线的内侧。

②山脊与山谷。

a.山脊:山顶向山脚延伸的凸起部分,称为山脊。山脊最高点间的连线称为山脊线。雨水以山脊为界流向两侧坡面,故山脊线又称为分水线。如图5-1-5a)所示,图中虚线为山脊线。山脊等高线的特点是凸出方向朝向下坡或者朝向低处。

b.山谷:沿着一个方向延伸下降的洼地,称为山谷。山谷中最低点连成的谷底线称为山谷线或集水线。如图5-1-5b)所示,图中虚线为山谷线。山谷等高线的特点是凸出方向朝向上坡或者朝向高处。

③鞍部。鞍部是相邻两个山顶之间呈现马鞍形状的部位。鞍部最低点称为垭口(也有把垭口处叫作鞍部的)。鞍部等高线的特点是在一圈大的闭合曲线内,套有两组小的闭合曲线,如图5-1-6所示。

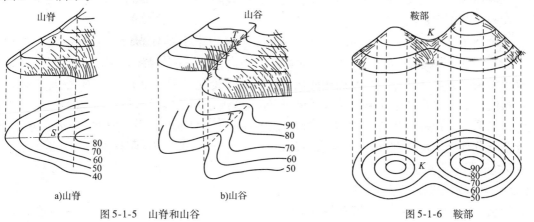

图 5-1-5　山脊和山谷　　　　　　图 5-1-6　鞍部

④悬崖。悬崖是上部突出、中间凹进的山坡。悬崖等高线的特点是等高线相交,即上部的等高线投影在水平面上时,与下部的等高线相交,下部凹进的等高线用虚线表示,如图5-1-7所示。

⑤峭壁和台地。峭壁是陡峻的或近似垂直的山坡,峭壁也可称为陡崖。由于这种山势的等高线非常密集或者重叠,因此,在地形图上用特殊符号表示,如图5-1-8所示。山坡上平坦的地方称为台地。

⑥冲沟。冲沟又叫雨裂,它是由于多年的雨水对山坡的冲刷,造成水土流失而形成的深沟,如图5-1-9所示。

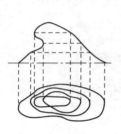
图5-1-7 悬崖

图5-1-8 峭壁

图5-1-9 冲沟

⑦陡坎。凡坡度在70°以上的天然或人工的坡坎称为陡坎,在地形图上用规定的符号表示。

⑧梯田。由人工修成的阶梯式农田称为梯田。梯田用陡坎符号配合等高线来表示。

(5)等高线的性质

根据用等高线表示地貌的情况,可以归纳等高线的特性如下:

①位于同一条等高线上的所有点高程相等,但高程相等的点不一定都在同一条等高线上。

②等高线是连续闭合的曲线,如不能在本图幅内闭合,必定在相邻或其他图幅内闭合。等高线必须延伸至图幅边缘,不能在图内中断,但遇道路、房屋等地物符号和注记处可局部中断,而表示局部地貌而加绘的间曲线和助曲线,可以只在图内绘出一部分。

③等高线在图内不能相交,一条等高线不能分成两条,也不能两条合成一条,陡崖、陡坎等高线密集处均用符号表示。

④等高线间隔相同时,等高线密集表示地面坡度陡,等高线稀疏表示地面坡度缓,平距相等的等高线表示地面坡度均匀。

⑤山脊线与山谷线均与等高线垂直正交,等高线凸向高程降低的方向表示山脊,凸向高程升高的方向表示山谷。

⑥等高线间最短线段的方向,即垂直于等高线的线段方向,是两等高线间最大坡度的方向。

4. 视距测量

视距测量是根据几何光学原理,利用仪器望远镜内十字丝分划板上的视距丝在视距尺(或水准尺)上截取读数,应用三角公式计算两点距离,并可同时测定地面上两点间水平距离和高差的测量方法。该方法具有操作简便、速度快、不受地形起伏变化限制等优点,其缺点是相对精度较低。尽管视距测量的精度较低,但还是能满足测量地形图和碎部点的要求,所以在测绘地形图时,常采用视距测量的方法测量距离和高差。目前国内外生产的经纬仪、水准仪,其十字丝分划板上均刻有上、下两条水平的短丝,称为视距丝。用视距丝配合视距尺(或水准尺)即可进行视距测量。

(1)视线水平时的视距原理

如图5-1-10所示,在A点安置仪器,在B点竖立视距尺。观测时,上、下视距丝在视距尺

上 M、N 处的读数之差称为视距间隔(n)，也称为视距读数。中横丝在视距尺上截取的读数称为中丝读数(l)。视距丝 m、n 之间的距离称为十字丝间隔(p)。当视线水平时，视准轴 $OF \perp MN$，则：

$$\triangle MNF \backsim \triangle m'n'F$$

$$\frac{d}{f} = \frac{n}{p}$$

$$d = \frac{f}{p} \times n$$

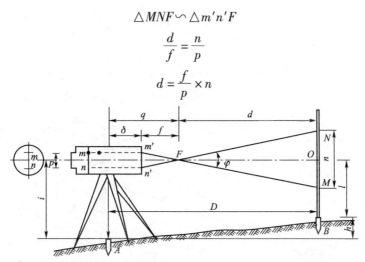

图 5-1-10 视距测量原理

由图可知：

$$D = d + f + \delta = \frac{f}{p} \times n + (f + \delta)$$

令 $\frac{f}{p} = c$，称为乘常数，$f + \delta = q$ 称为加常数，则：

$$D = cn + q$$

内对光望远镜的 q 接近于零，可忽略不计，$\frac{f}{p} = 100$，所以：

$$D = cn = 100n$$

由图可知：

$$h = i - l$$

由于视距丝间隔 p 不变，故 m'、n' 与 F 构成一个固定角 φ。

∵

$$\frac{f}{p} = 100$$

∴

$$\varphi = 2 \times \arctan \frac{1}{200} = 0°34'00''$$

(2) 通用公式

如图 5-1-11 所示，视准轴倾斜 α 角时，由于标尺竖直，两者不垂直。假定标尺也倾斜一个 α 角，在图 5-1-11 中 $M'N'$ 位置，即视准轴与假想尺垂直。令视距丝在假想尺上的视距间隔为 n'，则：

$$d = cn'$$
$$D = d\cos\alpha$$

由图 5-1-11 可知，在 $\triangle MQM'$ 中，$\angle MM'Q = 90° + \frac{\varphi}{2}$，而 $\frac{\varphi}{2}$ 又很小，故可将 $\angle MM'Q$ 视为直

角(理论证明,由此产生的误差约为距离的 $\frac{1}{40\,000}$,对视距精度来说可忽略不计)。故△MQM'、△NQN'都可视为直角三角形。

∴
$$\frac{n'}{2} = \frac{n}{2} \times \cos\alpha$$

则
$$n' = n \times \cos\alpha$$

∴
$$d = cn' = cn\cos\alpha$$
$$D = cn\cos^2\alpha \tag{5-1-4}$$

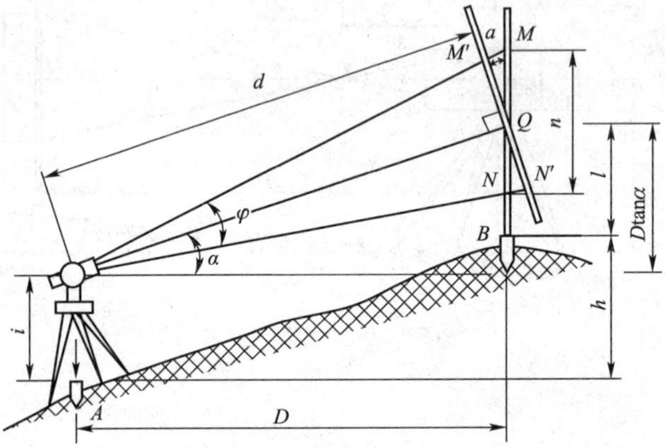

图 5-1-11 视线倾斜时的视距测量

由图 5-1-11 可知,
$$\begin{aligned}h &= D\tan\alpha + i - l \\ &= cn\cos^2\alpha \frac{\sin\alpha}{\cos\alpha} + i - l \\ &= cn\cos\alpha\sin\alpha + i - l \\ &= \frac{1}{2}cn\sin2\alpha + i - l\end{aligned} \tag{5-1-5}$$

当 $l = i$ 时, $h = \frac{1}{2}cn\sin2\alpha$

在较好的条件下,普通视距测量的相对误差为 1/200～1/300;在最不利的情况下,高程中误差可达 0.9m。

二、任务实施

1. 地形图测绘的基本原理

地形图测绘是在已知控制点上设站,用测量仪器及工具测定控制点周围地形特征点的平面位置和高程,并按图式规定的符号将各种地物、地貌依比例缩小描绘成地形图的工作。地形图测绘分为测量和绘图两大部分。地形图测绘亦称碎部测量,即以图根点(控制点)为测站,测定出测站周围碎部点的平面位置和高程,并按比例缩绘于图纸上。由于按规定比例尺缩绘,图上碎部点连接成的图形与实地碎部点连接成的图形呈相似关系,其相似比值即地形图比例尺数值。

1)碎部点的概念

碎部点即碎部特征点,包括地物特征点和地貌特征点。地物特征点是能够代表地物平面位置,反映地物形状、性质的特殊点位,简称地物点,如地物轮廓线的转折、交叉和弯曲等变化处的点,地物的几何中心,路线中心的交叉点,电力线的走向中心,独立地物的中心点等。

地貌特征点是体现地貌形态、反映地貌性质的特殊点位,简称地貌点,如山顶、鞍部、变坡点、地性线、山脊点和山谷点等。

2)测定碎部点平面位置的基本方法

测定碎部点平面位置的基本方法有极坐标法、角度交会法、距离交会法、直角坐标法。

(1)极坐标法

极坐标法是以测定碎部点与已知点间的水平距离以及与已知方向间组成的水平角来确定碎部点在地形图上的位置的测绘方法。如图5-1-12所示,点 A、B 为地面图根点,1点为碎部点。在 A 点安置仪器,在1点立尺,测出 $A1$ 方向与 AB 方向间的水平角 β_1 和 A 点到1点的水平距离 D_1,并将 D_1 按比例尺换算为图上距离 d_1。在地形图上根据已知 AB 方向和 β_1 定出1点所在方向,在此方向上量取 d_1,即可在地形图上定出碎部点1的位置。

极坐标法适用于通视良好的开阔地区,可以测定较大范围内的碎部点。极坐标法测定的点都是独立的,不会产生碎部点之间的误差累积。当个别碎部点有错时,在描绘地物轮廓或等高线时就能及时发现,便于现场改正。

(2)角度交会法

角度交会法是分别在两个图根点安置仪器,测出导线边和碎部点的水平夹角,利用图解法得到碎部点位置的方法。如图5-1-13所示,点 A、B 为图根点,P 点为碎部点。分别测出 AP 与 AB 的水平夹角 β_1 以及 BP 与 BA 的水平夹角 β_2,根据 β_1、β_2 和已知方向线 AB(BA)可定出 AP 和 BP 方向线,AP 方向线和 BP 方向线的交点即为 P 点在地形图上的位置。

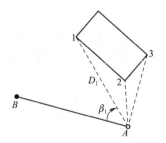
图5-1-12 极坐标法测定碎部点

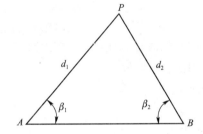
图5-1-13 角度交会法测定碎部点

角度交会法适用于碎部点距测站较远,或碎部点不便立尺和量距的情况,如测站点和碎部点之间有河流、水田等阻碍时。

(3)距离交会法

如图5-1-13所示,分别丈量碎部点 P 到图根点 A、B 的水平距离 AP、BP,按比例尺在地形图上用圆规即可交出碎部点 P 的位置,此法称为距离交会法。

距离交会法适用于距离图根点较近的碎部点,距离不要超过一整尺。

(4)直角坐标法

碎部点的平面位置可以用碎步点到导线的垂距和该垂足点到导线点的距离确定,此法称为直角坐标法。如图5-1-14所示,以图根点 A 为原点,以 AB 方向为 x 轴,量出碎部点 P 到 x 轴的垂距(y 值)和垂足点到 A 的距离(x 值),并按比例尺换算为图上距离,即可用小三角板确定 P 点在地形图上的位置。

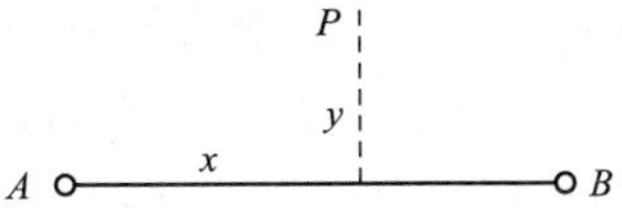

图5-1-14 直角坐标法测定碎部点

直角坐标法适用于碎部点靠近图根控制点,周围有相互垂直的两方向且垂距较短的情况,垂直方向可用简单工具定出。

3)碎部点高程的测量

测量碎部点高程可用三角高程测量的方法进行。

2. 经纬仪测绘法

根据测图使用的仪器及工具的不同,地形测图的方法有大平板仪测图、小平板仪与经纬仪联合测图、经纬仪测图、全站仪数字化测图、RTK数字化测图以及航空摄影测量成图等。前三种方法为传统的测图方法,其测图原理是一样的。全站仪和RTK数字化测图为数字化测图方法,是随着全站型电子速测仪和RTK的迅猛发展而加速研究与应用的。数字化测图无论精度还是工作效率都优于传统的测图方法,是当今大比例尺地形测图方法的发展方向。

如图5-1-15所示,经纬仪测绘法是将经纬仪安置在测图控制点上(测站),测出另一个控制点方向和碎部点方向间水平角,并用视距法测定测站与碎部点之间的水平距离和高差。小平板仪作为野外绘图台安置于测站旁,根据测得的角度和距离,用半圆仪与比例尺按极坐标法将碎部点缩绘在图纸上。然后,对照实地,依据地物特征点,按规定的图式符号勾绘地物,依据地貌特征点的高程勾绘出等高线。经纬仪测绘法适用于各类地区的地形图测绘。

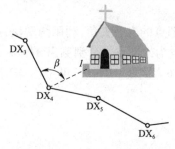

图5-1-15 经纬仪测绘法测定碎部点

1)测站上的准备工作

(1)经纬仪司镜人员的准备工作

①如图5-1-15所示,安置经纬仪于导线点DX_4,对中整平;

②测量仪器高i,记入记录手簿;

③测定竖盘指标差(x),记入记录手簿,若x在1′以内时,不考虑其影响;

④瞄准后视点DX_3定向,使水平度盘读数为0°00′00″;

⑤用视距法检查测站点与后视点间的距离和高差,记入记录手簿,以防止用错后视点数据。

(2)绘图员的准备工作

①安装平板仪;

②粘贴图纸;

③准备绘图工具;

④延长定向方向;

⑤用白纸盖好不测部分;

⑥检查定向边的边长是否与经纬仪视距法测量的数据大致相符。

(3)记录、计算人员的准备工作

①将测站点号记入记录手簿;

②将仪器高记入记录手簿;

④计算经纬仪竖盘指标差;

⑤计算换算仪器高(用普通计算器计算时),如果用程序计算器计算,应检查或输入计算器计算程序,并输入测站、仪器高等内存数据;

⑥根据经纬仪检查后视定向边测得的视距、中丝读数、竖盘读数,计算后视定向边距离及后视定向点高程,并通报绘图人员核对。

(4)跑点人员的准备工作

①后视点定向;
②将红线绳绑在仪器高处;
③与同组人员商定跑点路线。

2) 观测

(1) 检查上一测站已观测过的明显地物点,以校核测站定向、测站高程数据、程序使用等是否有错,相差在允许范围内时,就可以开始在本站观测。

(2) 读数步骤:
①读取视距读数;
②读取中丝读数;
③读取水平度盘读数;
④读取竖直度盘读数。

3) 记录计算

将经纬仪所读取的数据记入记录表格(表5-1-4),计算水平距离、高程,并及时通报绘图员。

地形测绘记录手簿   表5-1-4

测站:A 后视点:B 仪器高$i=1.30m$ 竖盘指标差$x=-1'$ 测站高程$H_A=81.2m$

点号	视距读数 n	中丝读数 l	水平角 (° ′ ″)	竖盘读数 (° ′ ″)	竖直角 (° ′)	水平距离 $D(m)$	高差 $h(m)$	高程 $H(m)$	备注
1	0.339	1.30	343 56	89 08	0 53	33.9	0.52	81.7	山脚
2	0.425	1.30	292 49	89 06	0 55	42.5	0.68	81.9	山脊点
3	0.678	1.30	235 29	89 37	0 24	67.8	0.47	81.7	电杆

4) 展绘碎部点

碎部点的平面位置是根据水平角和水平距离展绘在图纸上的。绘图员在图纸上精确连出测站点到定向点的直线,并将半圆仪的圆心用小钉或大头针固定在测站点上,在观测员报出水平角后,绘图员将半圆仪上等于水平角的刻划线对准定向线,此时半圆仪的零方向线即是测站点到碎部点的方向线,用半圆仪边上的直尺按记录员报出的图上水平距离取点,并标注高程。

注意:当水平角小于180°时,零刻划线的方向在半圆仪圆心的右侧;当水平角大于180°时,零刻划线方向在半圆仪圆心的左侧。为防止图上点太多,可用测点当小数点。测点高程一般取到0.1m。

以上是一个点的测定工作,按同样方法逐个观测碎部点的图上位置和高程,测出一些点后,即可根据这些点的相关关系绘出地物和地貌。例如,同一房屋的点连出房屋轮廓线,同一条地性线的点连出地性线。直到该测站所能测到的地形测完,将测站搬到相邻测站点继续工作,这样一站一站的测满整幅图。

5) 注意事项

(1) 测绘人员要分工合作,以便配合得当,提高工作效率。

(2) 经纬仪的竖盘指标差大于$1'$时,须及时校正或用竖盘指标差对竖直角进行改正。

(3) 在测图过程中,应根据地物情况和仪器情况选择不同的方法。主要的特征点应独立测定,一些次要的特征点可采用量距、交会等方法测定。如对于圆形建筑物,可测定其中心点并量取其半径即可;对于道路,可只测定一侧边线并量其宽度即可。

(4) 碎部点的分布和密度应适当。碎部点过稀,不能详细反映出地面的变化,影响成图质量;碎部点过密,则不仅增加了工作量,还影响图面的清晰。因此,碎部点的选择应按照少而精的原则。碎部点适宜的密度取决于地物、地貌的繁简程度和测图的比例尺。大比例尺测图的地形点,一般在图上平均相隔 2～3cm 一点为宜,具体规定见表 5-1-5。《工程测量规范》(GB 50026—2007)规定地形点在图上的点间距:地面横坡陡于 1∶3 时,不宜大于 15mm;地面横坡为 1∶3 及以下时,不宜大于 20mm。

(5)最大视距应符合相关要求。用视距法测量水平距离和高差时,其误差随距离的增大而增大。为了保证地形图的精度,要对视距长度加以限制。各种比例尺测图时的最大视距见表 5-1-5、表 5-1-6。

地形点间距和最大视距(单位:m)　　　　　　　　　　　　　表 5-1-5

比例尺	地形点间距	最大视距		比例尺	地形点间距	最大视距	
		地物点	地貌点			地物点	地貌点
1∶500	15	60	100	1∶2 000	50	180	250
1∶1 000	30	100	15	1∶5 000	100	300	350

最 大 视 距(单位:m)　　　　　　　　　　　　　　　　　　表 5-1-6

比例尺	最大视距		比例尺	最大视距	
	竖直角<12°	竖直角≥12°		竖直角<12°	竖直角≥12°
1∶500	100	80	1∶5 000	400	350
1∶1 000	200	150	1∶10 000	600	600
1∶2 000	350	300			

(6)司镜应与绘图员同步,边测边绘,绘图员不要滞后于司镜太多碎部点,否则容易出错。

(7)在测站上每观测 20～30 个碎部点后,应重新照准后视点进行归零检查,归零差不应超过 4′。

6)增设测站点

测图时,应利用图幅内所有控制点和图根点作为测站点,但在图根点不足或遇到地形复杂隐蔽处,需要增设地形转点作为临时测站。《工程测量规范》(GB 50026—2007)规定,地形转点可用经纬仪视距法或交会法测设,可连续设置两个。用经纬仪视距法测设时,施测边长不能超过最大视距的 2/3,竖直角不应大于 25°;边长和高差均应往返观测,距离相对较差不大于 1/200,高差不符值不大于 1/500。用交会法测设时,距离不受限制,但交会角不应小于 30°并不大于 150°。

3.地形图的绘制

地形图的绘制是一项技术性很强的工作,要求注意地物点、地貌点的取舍和概括,并应具有灵活的绘图运笔技能。

1)地物的描绘

地形图上所绘地物不是对相应地面情况的简单缩绘,而是经过取舍与概括后的测定与绘图。图上的线条应密度适当,否则会造成用图的困难。《工程测量规范》(GB 50026—2007)中规定图上凹凸小于 0.4mm 的地物可以不表示其凹凸形状。

为突出地物基本特征和典型特征,化简某些次要碎部而进行的制图概括,称为地物概括。如在建筑物密集而且街道凌乱窄小的居民小区,为突出居民区所占位置及整个轮廓,清楚地表示贯穿居民区的主要街道,可以采取保持居民区四周建筑物平面位置正确,将凌乱的建筑物合并成几块建筑群,并用加宽表示的道路隔开的方法。

地物形状各异,大小不一,勾绘时可采用不同的方法:对于用比例符号表示的规则地物,应随测随绘,即把相邻点连接起来,画出地物的形状;对于水井、地下管道检修井等用非比例符号表示的地物,可在图上先绘出其中心位置,在整饰图面时再用规定的符号准确地描绘出来;对于管线等用半比例符号表示的地物,可沿点连线,近似成形。

2)地貌的勾绘

(1)连接地性线

参照实际地貌,将有关的地貌特征点连接起来,在图上绘出地性线,用实线表示山脊线,虚线表示山谷线,如图 5-1-16 所示。

(2)内插等高线通过点

由于等高线的高程必须是等高距的整倍数,而地貌特征点的高程一般不是整数,因此要勾绘等高线,首先要找出等高线的通过点。因为地貌特征点必须选在地面坡度变化处,所以相邻两特征点之间的坡度可认为是均匀的。这样,可在两点之间,按平距与高差成正比例的关系,内插出两点间各条等高线通过的位置。

以图 5-1-16 中 a、b 两点为例,其对应的地面点 A、B 的高程分别为 52.8m 和 57.4m,设等高距为 1m,则在 a、b 两点间必然有高程为 53m、54m、55m、56m、57m 的五条等高线,现在要确定它们通过 ab 线的位置。内插时,先计算出等高距为 1m 时相应图上的平距为:

$$d = \frac{ab}{57.4 - 52.8} = \frac{ab}{4.6}$$

式中,ab 为地面 A、B 两点在图纸上平距,可用比例尺量得。

现在,53m 等高线比 A 点高 0.2m,57m 等高线比 B 点低 0.4m,则 53m 等高线与 a 点的平距 am 和 57m 等高线与 b 点的平距 qb 分别为:

$$am = 0.2 \times \frac{ab}{4.6} = 0.044ab$$

$$qb = 0.4 \times \frac{ab}{4.6} = 0.087ab$$

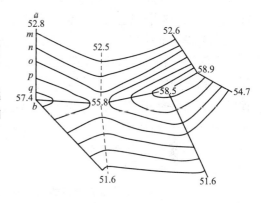

图 5-1-16 勾绘等高线

其他如 53m、54m、55m、56m、57m 等高线间的平距为:

$$mn = no = op = pq = d = 0.22ab$$

同法可求其他相邻两地貌特征点间等高线应通过的位置。计算内插等高线的位置,虽然比较准确,但操作烦琐,实际工作中,内插等高线通过点均采用图解法或目估法。

如图 5-1-17 所示,图解法是把绘有若干条等间距平行线的透明纸蒙在待内插的两点 a、b 上,转动透明纸,使 a、b 两点间通过平行线的条数与内插等高线的条数相同,且 a、b 两点分别位于两点高程值不足等高距部分的分间距处,则各平行线与 ab 的交点就是所求点。目估法是先按比例关系估计出 1m 等高距的平距,然后估计出 53m 与 57m 等高线在图纸上的位置,见图 5-1-17 中第二条和第六条水平线,然后四等分求得 54m、55m、56m 等高线的位置。

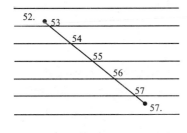

图 5-1-17 图解法内插等高线

(3)勾绘等高线

把高程相同的点用圆顺的曲线连接起来,就勾绘出反映地貌形态的等高线。勾绘等高线时要对照实地进行,要运用概括原则,对于山坡上的小起伏或变化,要按等高线总体走向进行制图综合。特别要注意,描绘等高线时要均匀圆滑,不要有死角或出刺现象。

描绘等高线时,应边描绘等高线边擦去地性线,等高线描绘完毕时,地性线亦已全部擦去,即得等高线图,如图 5-1-16 所示。如果在平坦地区测图,则很大范围内绘不出一条等高线,为表示地面起伏,就需要用高程碎部点表示。高程碎部点位置应均匀分布在平坦地区,各高程碎部点在图上以间隔 2~3cm 为宜。平坦地区有地物时则以地物点高程为高程碎部点,无地物时则应单独测定高程碎部点。

4.地形图的拼接、检查和整饰

1)地形图的拼接

当测区面积较大时,地形图必须分为若干图幅施测。由于测量和绘图误差,致使相邻图幅连接处的地物轮廓线与等高线不能完全吻合。为保证相邻图幅的相互拼接,每幅图四边均应测出图廓外 5mm,如遇居民地或建筑物时,应尽量测至地物的转折处,遇管线等线状物,应测出其延伸方向。

为保证相邻图幅的拼接,在建立图根控制时,应在图边附近布设一定数量的图根点,并使之能成为相邻图幅的公共测站点。因为图根点靠近图边,可以保证图边测图的精度,而有公共测站施测,有利于接边工作。地形图的拼接是在宽 5~6cm 的透明纸条上进行的。先把透明纸蒙在本幅图的接图边上,用铅笔把图廓线、坐标格网线、地物、等高线透绘在透明纸上,然后将透明纸蒙在相邻图幅上,使图廓线和网格线拼齐后,即可检查接图边两侧的地物及等高线的偏差。相邻两图幅的地物及等高线偏差不超过规范规定的地物点点位中误差、等高线高程中误差的 $2\sqrt{2}$ 倍时,则先在透明纸上按平距位置进行修正,而后照此图修正原图;若偏差超过规定限差,则应分析原因,到实地检查改正错误。

《工程测量规范》(GB 50026—2007)规定图上地物点的点位中误差和等高线插求点的高程中误差如表 5-1-7 所示。

图上地物点的点位中误差和等高线插求点的高程中误差　　　　　表 5-1-7

图上地物点的点位中误差(mm)		等高线插求点的高程中误差(m)			
一般地区	城镇居住区、工矿区	平坦地	丘陵地	山地	高山地
0.8	0.6	$d/3$	$d/2$	$2d/3$	d

注:d 为等高距(m)。

《工程测量规范》(GB 50026—2007)规定地物点在图上的点位中误差,当测图比例尺为 1∶500~1∶2 000 时不应大于 1.6mm,当测图比例尺为 1∶5 000~1∶10 000 时不应大于 0.8mm。

2)地形图的检查

地形图测完后,必须对成图质量进行全面检查。

(1)室内检查

首先,全面检查地形控制测量资料,包括手簿中的记载是否齐全、清楚和正确,各限差是否符合规范和设计要求,核对展点所抄录的图根点坐标和高程是否与原始成果表中一致;其次,检查坐标格网绘制与坐标展点是否符合精度要求,查看图上图根点数是否满足测图的技术要求;最后,查看地物、地貌是否清晰易读,各种符号、注记是否正确,地物的综合取舍是否合理,等高线与地形点的高程是否有矛盾和可疑之处,图边是否接合等。对发现的错误和疑点加以记载,并以此为依据决定野外巡视检查的路线。

(2)野外检查

①巡视检查。野外巡视检查是根据室内检查的疑点,将图带到测区按预定的路线逐幅对照察看,检查地物、地貌有无遗漏和主要错误,取舍是否恰当,地物描绘是否与实地一致,等高线勾绘是否正确,各种符号、注记是否运用正确等。除等高线形状与地貌略有出入或个别小的差异可以立即修改外,重大错误需经仪器检查后进行修改。

②仪器检查。仪器检查是在室内检查和巡视检查的基础上进行的,对检查中发现的错误和遗漏进行实测更正,对发现的疑点也要进行仪器检查,另外还要进行抽查。仪器检查一般采用散点法,即在测站上安置仪器,选择一些地物点和地貌点立尺,测定其平面位置和高程,若各误差不超过表 5-1-7 规定的中误差的 $2\sqrt{2}$ 倍,视为符合要求,否则要予以更正。设站抽查量一般不少于 10%。

3)地形图的整饰

地形图整饰就是将野外测绘的铅笔原图,按原来线划符号位置以图示规定的符号要求用铅笔加以修整,使图面更加合理、清晰、美观。为此,需按"先图内后图外、先地物后地貌、先注记后符号"的顺序进行修饰。地形图整饰的内容有:

(1)擦掉多余的、不必要的点、线、符号和数字。

(2)重绘内图廓线、坐标格网线并注记坐标。

(3)所有地物、地貌应按图示规定的线划、符号、注记进行清绘。

(4)各种文字注记应注在适当的位置,文字注记除等高线高程注记字头朝向高处以及道路、河流名称注记应按朝向变化方向外,其他所有注记一律字头朝北。

(5)等高线应描绘光滑圆顺,计曲线高程注记应成列。

(6)按图示的要求书写图名、图号,绘制接图表和比例尺,注记坐标系、高程系、测绘单位、测绘者、测绘年月和成图方法等。

工作任务二 地形图的应用

一、相关知识

地形图详细、真实地反映了地面上各种地物的分布和地面的起伏状态,同时可以从图上进行距离、高程、坡度、面积、土方等计算,获得可靠的数据,因此,它是国家各个部门、各项工程建设不可缺少的资料。无论是进行国土整治、资源勘察、城乡规划、土地利用、环境保护,还是工程设计、矿藏采掘、军事指挥时,均需要从地形图上获取信息,作为决策和实施的依据。

1.地形图注记的识读

根据地形图图廓外的注记,可全面了解地形的基本情况。

(1)了解测图时间和测绘单位,以判断地形图的新旧和适用程度。

(2)由地形图的比例尺知道地形图反映地物、地貌的详略。

(3)从图廓坐标掌握图幅的范围。

(4)通过接图表了解与相邻图幅的关系。

(5)了解地形图的坐标系统、高程系统、等高距等,以便正确识读地形图。

2.地物和地貌的识读

识图时应根据《地形图图示》中的符号、等高线的性质和测绘地形图时综合取舍的原则来识读地物、地貌。在识读地形图时,还应注意由于各项建设的发展,地面上的地物、地貌不是一成不变的,因此,在应用地形图进行规划以及解决工程设计和施工中的各种问题时,除了细致地识读地形图外,还需进行实地勘察,以便对建设用地作全面正确的了解。

二、任务实施

1.地形图应用的基本内容

1)确定图上点的坐标

当需要在地形图上量测一些设计点位的坐标时,可利用地形图上的坐标格网用图解法来进行量算。

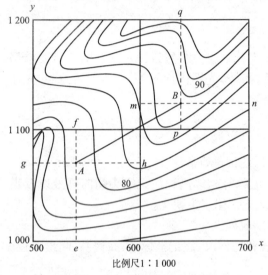

图 5-2-1 地形图的基本应用

如图 5-2-1 所示,欲求 A 点坐标,可过 A 点作 x 轴和 y 轴的平行线,与邻近的格网线交于 e、f、g、h,用直尺量出 eA、gA 的长度。设该地形图的比例尺分母为 M,则 A 点坐标为:

$$x_A = x_e + eA \times M$$
$$y_A = y_e + gA \times M \quad (5\text{-}2\text{-}1)$$

若要求精度较高,则应考虑图纸伸缩变形的影响。此时应量出 ef、gh 的长度,按下式计算:

$$x_A = x_e + \frac{eA}{ef} \times l$$
$$y_A = y_e + \frac{gA}{gh} \times l \quad (5\text{-}2\text{-}2)$$

式中:l——方格边的实地长度。

图解坐标的精度受图解精度的限制。一般认为,图解精度为图纸上 0.1mm,故图解坐标精度不会高于地形图相应比例尺的精度。

2)确定两点间的水平距离

欲求图上两点间的水平距离,可用以下两种方法:

(1)直接量测

当图纸伸缩不大且距离较短时,可用卡规在图上量出线段长度后,再与图示比例尺比量,即可得其水平距离;也可用直尺量得图上距离后,乘以比例尺分母而得实地水平距离。

(2)解析法

当图纸伸缩较大、两点间距离较长(甚至不在一个图幅)时,为了消除图纸变形的影响以提高精度,可用两点的坐标计算距离。如图 5-2-1 所示,求 A、B 两点间的水平距离,可先用图解法求出两点的坐标值 x_A、y_A 和 x_B、y_B,然后按下式计算水平距离:

$$D_{AB} = \sqrt{(x_B - x_A)^2 + (y_B - y_A)^2} = \sqrt{\Delta x_{AB}^2 + \Delta y_{AB}^2}$$

3)确定两点间直线的坐标方位角

如图 5-2-1 所示,欲求直线 AB 的坐标方位角 α_{AB},有两种方法。

(1)图解法

过 A、B 两点精确地作平行于坐标格网纵线的直线,用量角器量测直线 AB 的坐标方位角得 α'_{AB},然后量测直线 BA 的坐标方位角得 α'_{BA}。

同一直线的正、反坐标方位角之差为 180°。由于测量存在误差,所以可按下式计算 α_{AB}:

$$\alpha_{AB} = \frac{1}{2}(\alpha'_{AB} + \alpha'_{BA} \pm 180°) \qquad (5\text{-}2\text{-}3)$$

当 α'_{BA} 大于 180°时取"-"号,当 α'_{BA} 小于 180°时,取"+"号。

(2)解析法

先求出 A、B 两点的坐标,然后用坐标反算的方法计算直线 AB 的坐标方位角。

4)确定点的高程

利用地形图上的等高线及高程注记,可以求出图上任意一点的高程。如所求点恰好在等高线上,则该点的高程就等于等高线的高程。如所求点不在等高线上,则可利通过相邻等高线的高程通过内插法求得。

如图 5-2-2 所示,欲求 A 点的高程,过 A 点作一条大致垂直于相邻等高线的线段 mn,量取 mn 的长度为 d_{mn},再量取 mA 的长度为 d_{mA},则 A 点的高程 H_A 可按下式求得:

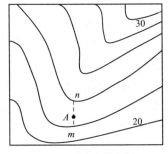

图 5-2-2 确定点的高程

$$H_A = H_m + \frac{d_{mA}}{d_{mn}} \times h$$

或

$$H_A = H_n - \frac{d_{nA}}{d_{mn}} \times h \qquad (5\text{-}2\text{-}4)$$

式中:h——等高距。

如果要确定两点间的高差,则可用上述方法先确定两点的高程,再相减即得。

5)确定两点间地面的坡度

地面两点间的高差与水平距离之比称为坡度,用 i 表示。通常以百分率(%)或千分率(‰)表示,可用下式计算:

$$i = \frac{h}{D} = \frac{h}{dM} \qquad (5\text{-}2\text{-}5)$$

式中:d——图上两点间的长度,以 m 为单位;

M——地形图比例尺分母。

如果两点间的距离较长,中间通过疏密不等的等高线,则上式所求地面坡度为两点间的平均坡度。

2. 按规定坡度在图上选取最短路线

对管线、渠道、道路等工程进行初步设计时,一般要先在地形图上选线。按照技术要求选定一条合理的线路,应考虑的因素很多,这里只说明根据地形图等高线,按规定的坡度选定其最短线路的方法。

如图 5-2-3 所示,设需在图上从 A 点到 B 点选一条公路线,要求其坡度不大于 5%(限制坡度)。已知该地形图的比例尺为 1:10 000,等高距为 5m。为了满足限制坡度的要求,根据坡度计算公式可以计算出该路线经过相邻两条等高线之间的最小水平距离为:

$$i = \frac{h}{D} = \frac{h}{dM} \Rightarrow d = \frac{h}{i \times M} = \frac{5}{0.05 \times 10\ 000} = 0.01(\text{m}) = 1(\text{cm})$$

以 A 点为圆心,以 d 为半径画弧,交 55m 等高线于 1 点,再以 1 点为圆心,以 d 为半径画弧,交 60m 等高线于 2 点,以此类推,直到 B 点附近为止。然后连接 A、1、2、…、B,便在图上得到符合限制坡度要求的路线。为了便于选线比较,还需另选一条路线,如 A、1′、2′、…、B。同时考虑其他因素,如少占农田、建筑费用最少、避开塌方或崩裂地带等,以便确定路线的最佳方案。如遇等高线之间的平距大于 1cm,以 1cm 为半径的圆弧将不会与等高线相交,这说明坡度小于限制坡度。在这种情况下,线路方向可按最短距离绘出。

3. 确定汇水范围

跨越河流、山谷修筑道路必须建桥梁或涵洞,兴修水库必须筑坝拦水,而桥梁涵洞孔径的大小、水坝的设计位置与坝高、水库的蓄水量等都要根据这个地区的汇水面积来确定。汇集水流量的面积称为汇水面积。

由于雨水是沿山脊线(分水线)向两侧山坡分流,所以汇水面积的边界线是由一系列的山脊线连接而成的。如图 5-2-4 所示,一条公路 AB 经过山谷,拟在 M 处架桥或修涵洞,其孔径大小应根据流经该处的流水量决定,而流水量又与山谷的汇水面积有关。由图可以看出,虚线和公路所围成的面积就是这个山谷的汇水面积。量测该面积的大小,再结合气象水文资料,便可进一步确定流经公路 M 处的水量,从而为桥梁或涵洞的孔径设计提供依据。

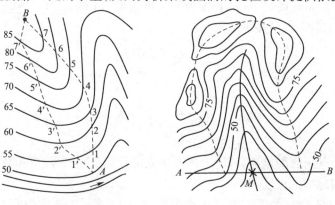

图 5-2-3　选取最短线路　　　图 5-2-4　确定汇水面积

确定汇水面积的边界线时,应注意以下几点:

(1)边界线(除公路段外)应与山脊线一致,且与等高线垂直。

(2)边界线是经过一系列的山脊线、山头和鞍部的曲线,并与河谷的指定断面(公路或水坝的中心线)闭合。汇水面积的大小可用透明方格纸法、平行线法或求积仪法测定。

4. 绘制某一方向的纵断面图

过某一线路的铅垂面与地面的交线,在铅垂面上按比例缩小后的地面起伏图形,就是该线路所经地面的断面图(或称剖面图)。在输电线路、渠道、铁路、公路等线路工程中,根据其断面图可以了解沿线地表面的起伏情况和斜坡坡度。在断面图上可以得到有关数据,并可以进行线路设计。精确的断面图应在实地直接测定,如果要求不高,则可根据地形图绘制。

绘制断面图时,首先要确定断面图的水平比例尺和垂直比例尺。通常采用与所用地形图比例尺相同的水平比例尺,而垂直比例尺则应比水平比例尺大 10 倍或 20 倍,以便突出地显示地形起伏情况。

如图 5-2-5 所示,欲沿 mn 方向绘制断面图,可先量出 mn 线与各等高线交点 a、b、c、…、r、s 到 m 点的距离,然后在绘图纸或方格纸上用与地形图相同的比例尺或其他适宜的比例尺,在横坐标轴上绘出 a_1、b_1、c_1、…、r_1、s_1 等点;根据等高线可得出这些点的高程,再用一定的比例尺,在纵坐标方向上绘出各点的高程,就得到相应的地面点 a'、b'、c'、$\cdots$、r'、s';用光滑的曲线连接各地面点,就绘出了沿直线 mn 方向的断面图。断面过山脊、山顶或山谷处的高程变化点的高程,可用比例内插法求得。

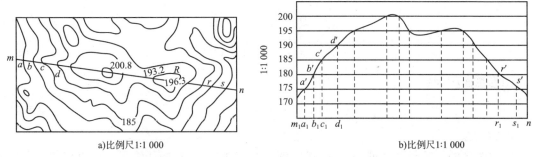

图 5-2-5　绘制纵断面图

5. 图形面积的计算

在工程规划设计中,常需在地形图上量算一定轮廓范围内的面积,例如林场面积、灌溉面积、汇水面积等,还有一些工程的土方计算、地质勘探的矿产储量计算等工作,都离不开面积计算问题。

在图上求面积,也就是求算实地水平投影的面积(水平面积),实地水平面积是图上面积的 M^2 倍,M 为地形图比例尺字母。其计算方法一般有以下几种。

1)图解法

(1)几何图形法

如欲求面积之图形为多边形时,可将多边形分解成若干个几何图形,如三角形、梯形、矩形等,如图 5-2-6 所示。量取计算各几何图形面积所需的元素,按几何公式计算出各图形的面积,取其总和即为多边形的面积。

(2)透明方格纸法

如图 5-2-7 所示,将绘有方格的透明纸覆盖在图形上,然后数出该图形所包含的整方格数和不完整方格数,对不完整的方格可按互补方式拼凑成若干个整方格数,求得总方格数 n,再按每格相应实地面积乘以格数 n,即可得到该图形的实地面积。

(3)平行线法

方格法的缺点是边缘方格的拼整太多,为克服此缺点,可以使用平行线法。如图 5-2-8 所示,用画好等间隔平行线的透明纸盖在待求面积的图形上,图形则被分隔成若干个长条,每一个长条可按照梯形来求算面积。记梯形的上下底边长为 l_i,梯形的高为平行线间隔 h,则各梯形的面积分别为:

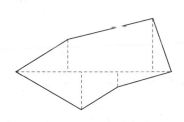

图 5-2-6　几何图形法求面积

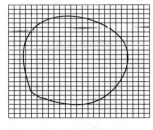

图 5-2-7　透明方格纸法求面积

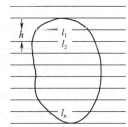

图 5-2-8　平行线法求面积

$$A_1 = \frac{1}{2} \times h \times (0 + l_1)$$

$$A_2 = \frac{1}{2} \times h \times (l_1 + l_2)$$

$$\vdots$$

$$A_n = \frac{1}{2} \times h \times (l_{n-1} + l_n)$$

$$A_{n+1} = \frac{1}{2} \times h \times (l_n + 0)$$

图形总面积为：

$$A = A_1 + A_2 + \cdots + A_{n+1} = h \sum_n^1 l_i \tag{5-2-6}$$

2) 解析法

围成图形的线不是曲线就是折线，折线图形有多边形顶点，曲线图形亦可以用若干点连成的折线图形代替，只是点取得多的折线图形更为接近于曲线图形。在图上量取图形各顶点的坐标，且将这些点按顺时针顺序编号，设各点的坐标分别为 x_i、y_i ($i = 1、2、3、\cdots、n$)，则多边形面积 P 为：

$$P = \frac{1}{2} \sum_1^n y_i (x_{i-1} - x_{i+1}) \tag{5-2-7}$$

或

$$P = \frac{1}{2} \sum_1^n x_i (y_{i-1} - y_{i+1}) \tag{5-2-8}$$

因为是闭合图形，所以第 $n+1$ 点即为 1 号点。亦即在式中，当 $i-1 = 0$ 时，点号即为 n，$i+1 = n+1$ 时，点号即为 1。此法对于实测坐标的图形面积计算精度可靠，而且公式有规律，更适合编程计算。

3) 求积仪法

求积仪是一种测定图形面积的仪器，它的优点是能用来测定任意形状的图形面积，故得到广泛应用。求积仪分机械和电子两大类。用求积仪测面积，其精度和图纸图板的平整度、求积仪的质量和校正情况、作业时的细心程度、被测图形的形状等因素有关。

关于求积仪的使用方法，可参照说明书。

6. 根据地形图平整场地

建筑工程正式施工前，应进行"三通一平"，三通即水通、电通、路通，一平是平整场地。所谓平整场地是指对原地貌进行必要的改造，使地面高程符合设计要求。其目的是方便施工场地布置、解决排除地面水及交通运输等问题。在平整场地的工作中，常需估算土石方的工程量，这项工作可利用地形图进行，其主要方法有方格网法、等高线法和断面法。

1) 方格网法

方格网法适用于地形起伏不大或地形变化比较规律的地区。

(1) 把自然地面平整为水平场地

图 5-2-9 所示为一块待平整的坡地，地形图比例尺为 1:1 000，要求在划定范围内平整为同一高程的平地，同时满足填挖方平衡的条件。

① 布置方格网。在需要平整场地的地形图上的相应位置布置方格网，方格边长取决于地形变化情况、地形图比例尺大小和土方估算的精度要求，一般取 10m、20m、50m，根据地形图的比例尺，在图上绘出方格网，并进行编号。为了计算的方便，在同一范围内，方格的边长一般取

相同长度,但在特殊地形处,也可采用不同的边长。图 5-2-9 中的方格边长为 10m。

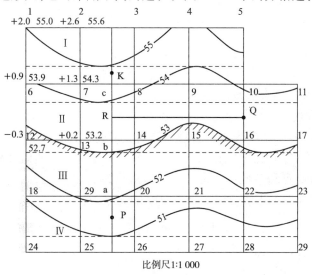

图 5-2-9 方格网法计算土方量

②计算方格角点的地面高程和方格网的平均高程。根据等高线内插求出各方格角点的地面高程,并标于相应角点的右上方。

③计算设计高程。平整场地后的高程称为设计高程。先分别计算每一方格四个角点高程的平均值,再把各方格的平均高程加起来除以方格数,即得设计高程。经分析可知,在计算设计高程时,方格网外围角点高程用一次,如图 5-2-9 中的 1、5、11、24、29 点;边点高程用两次,如 2、3、4、6 点等;拐点高程用三次,如 10 点;中点高程用四次,如 7、8、9 点等。则设计高程的计算公式可写成:

$$H_{设} = \frac{\sum H_{角} + 2\sum H_{边} + 3\sum H_{拐} + 4\sum H_{中}}{4n} \tag{5-2-9}$$

式中:$\sum H_{角}$、$\sum H_{边}$、$\sum H_{拐}$、$\sum H_{中}$——各角点、边点、拐点和中点的高程之和(m);

n——方格的个数。

根据计算的设计高程 $H_{设}$,在地形图上用内插法找出设计高程点,用圆滑的曲线连接起来,即得填挖边界线。与该等高线相比,地势高的一侧为挖方区,地势低的一侧为填方区。

④计算填挖高度。用方格顶点的地面高程和设计高程,可计算出方格角点的填、挖高度,即:

$$填(挖)高度 = 地面高程 - 设计高程$$

将填(挖)高度注记在各方格角点的左上方。正号为挖方,负号为填方。

⑤计算填(挖)土石方量。填(挖)土石方量可按角点、边点、拐点、中点分别按下列公式计算:

角点

$$V_{填(挖)} = \sum h_{填(挖)} \times \frac{1}{4} 方格面积 \tag{5-2-10}$$

边点

$$V_{填(挖)} = \sum h_{填(挖)} \times \frac{1}{2} 方格面积 \tag{5-2-11}$$

拐点

$$V_{填(挖)} = \sum h_{填(挖)} \times \frac{3}{4} 方格面积 \qquad (5\text{-}2\text{-}12)$$

中点

$$V_{填(挖)} = \sum h_{填(挖)} \times 1 \, 方格面积 \qquad (5\text{-}2\text{-}13)$$

(2)把自然地面设计成倾斜地面

①打方格网求场地重心的设计高程。利用地形图设计有一定坡度的斜平面,首先是在地形图的相应位置打方格网,用内插法求出各方格角点的高程,然后按照前面计算设计高程的公式,算出场地重心的设计高程。例如图 5-2-10 中算出场地重心点的设计高程为 51.8(m)。

②确定斜面上最高点和最低点的设计高程。从图 5-2-10 中可知,场地最高边为 AB,最低边为 DC,AB 至 DC 为 8% 的下坡,所以 AB 与 DC 的高差为:

$$h_{AD} = AD \times i = 40 \times \frac{8}{100} = 3.2(m)$$

A、D(或 B、C)点的设计高程分别为:

$$H_{A(设)} = 51.8 + \frac{3.2}{2} = 53.4(m)$$

$$H_{D(设)} = 51.8 - \frac{3.2}{2} = 50.2(m)$$

③确定地面设计等高线的位置,绘出填挖边界线。根据 A、D 点的设计高程,用内插法求出设计等高线高程为 51m、52m、53m 等通过的位置。然后过 AD 上设计等高线的通过点,作设计等高线的平行线,该平行线即为设计等高线。设计等高线与地形图上原有等高线的交点,即为填挖边界点,连接这些边界点,即得填挖边界线。如图 5-2-10 中画有短线的曲线,即为填挖边界线。

④确定填挖高度。根据地形图,用内插法求出各方格角点的地面高程,并将该高程注在角点的右上方,用同样的方法计算出各方格角点的设计高程,并注在角点的右下方,然后用地面高程减去设计高程,即得各角点的填挖高度,并注在各角点的左上方,如图 5-2-10 所示。

⑤计算填挖方量。根据上面算出的各方格角点的填挖高度及各方格内的填挖面积,即可按照前面已用过的方法计算各方格内的填挖方量,最后算出总填方量和总挖方量。如图 5-2-10 中,在填挖边界线的内侧为挖方,填挖边界线的外侧为填方。

2)等高线法

当场地地面起伏较大,且仅计算挖方时,可采用等高线法。这种方法是从场地设计高程的等高线开始,算出各等高线所包围的面积,分别将相邻两条等高线所围面积的平均值乘以等高距,就是该两条等高线平面间的土石方量,再求和即得总的挖方量。

如图 5-2-11 所示,地形图等高距为 2m,要求平整场地后的设计高程为 55m。先在图中内插设计高程 55m 的等高线(图中虚线),再分别求出 55m、56m、58m、60m、62m 5 条等高线所围成的面积 A_{55}、A_{56}、A_{58}、A_{60}、A_{62},即可算出每层土石方量分别为:

$$V_1 = \frac{1}{2}(A_{55} + A_{56}) \times 1$$

$$V_2 = \frac{1}{2}(A_{56} + A_{58}) \times 2$$

$$V_5 = \frac{1}{3} \times A_{62} \times 0.8$$

V_5 是 62m 等高线以上山头顶部的土石方量。总挖方量为：

$$\sum V_{挖} = V_1 + V_2 + V_3 + V_4 + V_5$$

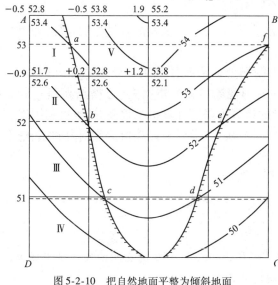

图 5-2-10 把自然地面平整为倾斜地面

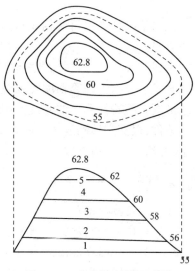

图 5-2-11 等高线法计算土方量

3）断面法

在道路和管线建设（或坡地的平整）中，沿中线（或挖、填边线）至两侧一定范围内线状地形的土石方计算常用断面法。这种方法是在施工场地范围内，利用地形图以一定间距绘出断面图，分别求出各断面由设计高程线与断面曲线（地面高程线）围成的填方面积和挖方面积，然后计算每相邻断面间的填（挖）方量，分别求和即为总填（挖）方量。

如图 5-2-12 所示，若地形图比例尺为 1:1 000，欲在矩形范围内修建一段道路，其设计高程为 47m。为了求土石方量，先在地形图上绘出相互平行、间隔为 d（一般实地距离为 20 ~ 40m）的断面方向线，如 1-1、2-2、…、6-6；按一定比例尺绘出各断面图（纵、横轴比例尺应一致，常用的比例尺为 1:100 或 1:200），并将设计高程线展绘在断面图上（见图 5-2-12 中 1-1、2-2 断面）；然后在断面图上分别求出各断面设计高程线与断面图所包围的填土面积 A_{Ti} 和挖土面积 A_{Wi}（i 表示断面编号），最后计算两断面间土石方量。例如，1-1 和 2-2 两断面间的土石方量为：

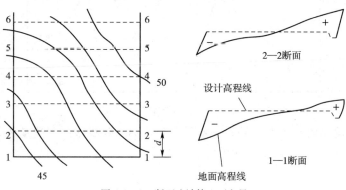

图 5-2-12 断面法计算土石方量

填方量

$$V_{T(1-2)} = \frac{1}{2} \times (A_{T1} + A_{T2}) \times d$$

挖方量

$$V_{W(1-2)} = \frac{1}{2} \times (A_{W1} + A_{W2}) \times d$$

同法依次计算出每两相邻断面间的土石方量,最后将填方量和挖方量分别累加,即得总的土石方量。

上述三种土石方估算方法各有特点,应根据场地地形条件和工程要求选择合适的方法。当实际工程土石方估算精度要求较高时,往往要到现场实测方格网图(方格点高程)、断面图或地形图。随着计算机的普及使用,土石方量的计算可采用计算机编程完成,也可利用现有的专业软件,根据实地测定的地面点坐标和设计高程,快速、准确地计算指定范围内的填、挖土石方量,并给出填挖边界线。

习 题

1. 什么是地形图?
2. 何谓比例尺精度? 比例尺精度有什么用途?
3. 在 1:500 的地形图上,A、B 两点间距离 $l = 20.50$cm,求 A、B 两点间的实地水平距离。
4. 某地形图比例尺为 1:1 000,求该地形图的比例尺精度。
5. 地物符号有哪几类? 各有什么特点? 举例说明。
6. 什么是等高线? 等高线有几种类型?
7. 什么叫等高距? 什么叫等高线平距? 它们与地面坡度有什么关系?
8. 在比例尺为 1:1 000 的地形图有 A、B 两点,已知 $H_A = 38.4$m,$H_B = 57.3$m,等高距 $h = 2$m,问 A、B 两点之间有哪几条首曲线? 有哪几条计曲线?
9. 等高线有哪些特性?
10. 根据题图 5-1 已测绘的碎部点,用目估法勾绘等高线。

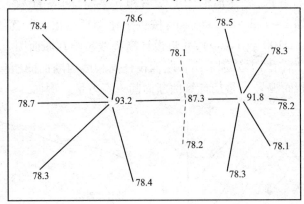

题图 5-1

11. 已知地形图比例尺为 1:2 000,基本等高距为 1m,如线路限制坡度为 20‰,则相邻等高线间的线路在图上的最小平距是多少?

模块六 道路中线测量

📖 **学习目标**

本模块着重介绍了路线测量的基本方法,包括中线测量、圆曲线的测设、缓和曲线的测设。通过本模块的学习,应掌握中线测量中的交点、转点和转向角的测定以及中桩的设置;圆曲线要素的计算和圆曲线主点及细部点的测设方法;缓和曲线要素的计算和缓和曲线主点及细部点的测设方法;线路纵、横断面图的测绘和道路施工测量等工作;路线纵、横断面的测绘方法;线路施工控制桩和路基边桩的测设方法。

📖 **学习要求**

知识要点	能力要求	相关知识
路线转角与里程桩的设置	(1)交点、转点和转角的测定 (2)中桩的设置	(1)交点、转点和转角 (2)整桩和加桩
圆曲线的测设	(1)圆曲线要素的计算 (2)圆曲线主点及细部点测设方法	(1)切线长、曲线长、外距、切曲差 (2)偏角法和切线支距法
缓和曲线的测设	(1)缓和曲线要素的计算 (2)缓和曲线主点及细部点测设方法	(1)切线长、曲线长、外距、切曲差 (2)偏角法和切线支距法

工作任务一 路线转角的测设与里程桩的设置

一、相关知识

公路工程一般由路线、路基、路面、桥涵、隧道及各种附属设施等构成。兴建公路之前,为了选择一条既经济又合理的路线,必须对沿线进行勘测。

一般来讲,路线以平、直最为理想。但实际上,由于受到地物、地貌、水文、地质及其他因素的限制,路线的平面线形必然有转折,即路线前进的方向发生改变。为保证行车舒适、安全,并使路线具有合理的线形,在直线转向处必须用曲线连接起来,这种曲线称为平曲线。平曲线包括圆曲线和缓和曲线两种。圆曲线是具有一定半径的圆的一部分,即一段圆弧,它又分为单曲线、复曲线、回头曲线等。缓和曲线指的是在直线与圆曲线、圆曲线与圆曲线之间设置的曲率连续变化的曲线。

中线测量是实地测设道路中线的平面位置,是道路工程测量的主要内容。在中线测量之前应先进行控制测量和带状地形图测绘。根据初选的道路走向,沿道路中线附近选择平面控制点和水准点,分别进行导线测量和水准测量,作为道路工程测量的平面和高程控制,并根据这些控制点测绘大比例尺的带状地形图,然后再进行中线测量。

由以上分析可知,路线中线是由直线和平曲线两部分组成。道路中线测量是通过直线和平曲线的测设,将道路中心线的平面位置用木桩具体地标定在现场,并测定路线的实际里程。

道路中线测量是公路工程测量中关键性的工作,它是测绘纵、横断面图和平面图的基础,是公路设计、施工和后续工作的依据。

1. 测角组的工作及要求

定线测量完成后,测角工作就可以进行了。其主要任务是:标定直线与修定点位;测角与转角计算;平曲线要素计算;钉设平曲线中点方向桩;观测导线磁方位角并进行复核;视距测量;路线主要桩位固定等。为确保路线质量,加快测设进度,定线、测角应紧密配合、相互协作。作为后续作业的测角工作,应善于体会选线意图,发现问题及时予以修正补充,使之不断完善。

对于相互通视的交点,如果定线测量无误,根本不存在点位修正问题,一般可以直接引用。但是当交点间相距较远或地形起伏较大,通过陡坎深沟时,为了便于中桩组穿杆定向,测角组应负责用经纬仪在其间酌情插设若干个导向桩,供中桩穿线使用。

对于中间有障碍、互不通视的交点,虽然交点间定线时已设立了控制直线方向的转点桩,但由于选线大多采用花杆目测穿直线,所以实际上未必严格在一条直线上,因此就存在用经纬仪检查与标定直线或修正交点桩位的问题。在一般情况下,常将后视交点和中间转点作为固定点(因上述点位一旦变动,将直接影响后视点位转角,导致测量返工),安置仪器于转点处,采用正倒镜分中法进行检查,如发现问题应查明原因,及时改正。

2. 公路里程桩的设置

为了确定路线中线的具体位置和路线的长度,满足后续纵、横断面测量的需要,中线测量中必须从路线的起点开始,每隔一段距离钉设木桩标志,其桩点表示路线中线的具体位置。里程桩又称中桩,表示该桩至路线起点的水平距离,如 K7+814.19 表示该桩距路线起点的里程为 7 814.19m。

1) 里程桩的类型

里程桩可分为整桩和加桩两种。

(1) 整桩

在公路中线中的直线段上和曲线段上,其桩距按表6-1-1的要求而设的桩称为整桩。它的里程桩号均为整数,且为要求桩距的整倍数。在实测过程中,一般宜采用 20m 或 50m 及其倍数。当量距每至百米及公里时,要钉设百米桩和公里桩。

中桩间距   表 6-1-1

直 线 段		曲 线 段			
平原微丘区	山岭重丘区	不设超高的曲线	$R>60$	$30<R<60$	$R<30$
≤50	≤25	25	20	10	5

注:表中的 R 为曲线半径,以米(m)计。

(2) 加桩

加桩又分为地形加桩、地物加桩、曲线加桩、地质加桩、断链加桩、行政区域加桩和改建路加桩等。

①地形加桩:沿路线中线在地面起伏突变、横向坡度变化以及天然河沟等处均应设置的里程桩。

②地物加桩:沿路线中线在有人工构造物处(如拟建桥梁、涵洞、隧道、挡土墙等构造物

处,路线与其他公路、铁路、渠道、高压线、地下管道等交叉处,拆迁建筑物处,占用耕地及经济林的起终点处)均应设置的里程桩。

③曲线加桩:曲线上设置的起点桩、中点桩、终点桩。

④地质加桩:沿路线在土质变化处及地质不良地段的起、终点处要设置的里程桩。

⑤断链加桩:由于局部改线或事后发现距离错误或分段测量中由于假设起点里程等原因,致使路线的里程不连续,桩号与路线的实际里程不一致,这种现象称为"断链",为说明该情况而设置的桩,称为断链加桩。测量中应尽量避免出现"断链"现象。

⑥行政区域加桩:在省、地(市)、县级行政区分界处应加的桩。

⑦改建路加桩:在改建公路的变坡点、构造物和路面面层类型变化处应加的桩。加桩应取位至米,特殊情况下可取位至0.1m。

2)里程桩的书写及钉设

对于中线控制桩,如路线起点桩、终点桩、公里桩、交点桩、转点桩、大中桥位桩以及隧道起终点等重要桩,一般采用尺寸为5cm×5cm×30cm的方桩,其余里程桩一般多用(1.5~2)cm×5cm×25cm的板桩。

(1)里程桩的书写

所有中桩均应写明桩号和编号,在桩号书写时,除百米桩、公里桩和桥位桩要写注公里数外,其余桩可不写。

为外,对于交点桩、转点桩及曲线基本桩还应在桩号之前标注桩名(一般标其缩写名称)。目前,我国公路工程上桩名采用汉语拼音的缩写名称,见表6-1-2所列。

路线主要标志桩名称表 表6-1-2

标志桩名称	简称	汉语拼音缩写	英文缩写	标志桩名称	简称	汉语拼音缩写	英文缩写
转角点	交点	JD	IP	公切点	—	GQ	CP
转点	—	ZD	TP	第一缓和曲线起点	直缓点	ZH	TS
圆曲线起点	直线点	ZY	BC	第一缓和曲线终点	缓圆点	TY	SC
圆曲线中点	曲中点	QZ	MC	第二缓和曲线起点	圆缓点	YH	CSCP
圆曲线终点	圆直点	YZ	EC	第二缓和曲线起点	缓直点	HZ	ST

为了便于后续工作找桩和避免漏桩起见,所有中桩都应在桩的背面编写编号,以0~9为一组,循环进行排列。

桩志一般用红色油漆或记号笔书写(在干旱地区或马上施工的路线也可用墨汁书写),书写字迹应工整醒目,一般应写在桩顶以下5cm范围内,否则有可能被埋于地面以下,以至无法判别里程桩号。

(2)钉桩

新线桩志打桩,不要露出地面太高,一般以5cm左右能露出桩号为宜。钉设时将桩号面向路线起点方向,使编号朝向前进方向,如图6-1-1所示。为便于对点,桩顶需钉一小铁钉。

改建桩志位于旧路上时,由于路面坚硬,不宜采用木桩,此时常采用大帽钢钉。钉桩时一律打桩至与地面齐平,然后在路旁一侧打上指示桩,桩上注明距中线的横向距离及其桩号,并以箭头指示中桩位置。在直线上,指示桩应钉在路线的同一侧;交点桩的指示桩应钉在圆心和交点连线方向的外侧,字面朝向交点;曲线主点桩的指示桩均应钉在曲线的外侧,字面朝向圆心。

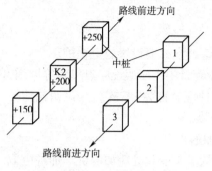

图 6-1-1 桩号与编号方向

遇到岩石地段无法钉桩时,应在岩石上凿刻"⊕"标记,表示桩位并在其旁边注明桩号、编号等。在潮湿或有虫蚀地区,特别是近期不施工的路线,对重要桩位(如路线起、终点、交点、转点等),可改埋混凝土桩,以利于桩的长期保存。

二、任务实施

1. 公路交点测设

在路线测设时,应先选定出路线的转折点,这些转折点是路线改变方向时相邻两直线的延长线相交的点,称之为交点,它是中线测量的主要控制点。当公路设计采用一阶段施工图设计时,交点的测设可采用现场标定的方法,即根据已定的技术标准,结合地形、地质等条件,在现场反复插设比较,直接定出路线交点的位置。这种方法不需测地形图,比较直观,但只适合技术简单、方案明确的低等级公路。当公路设计采用两阶段的初步设计和施工图设计时,应采用先纸上定线、后实地放线确定交点的方法。即对于高等级公路或地形、地物复杂,现场标定困难的地段,先在实地布设导线,测绘大比例尺地形图(通常为 1∶2 000 或 1∶1 000),在地形图上纸上定线,然后再到实地放线,把交点在实地标定下来。公路交点测设一般可采用以下三种方法。

1) 放点穿线法

这种方法是利用地形图上的测图导线点与纸上路线之间的角度和距离关系,在实地将路线中线的直线段测设出来,然后将相邻直线延长相交,定出地面交点桩的位置,具体步骤如下。

(1) 放点

在地面上测设路线中线的直线部分,只需定出直线上若干点,即可确定这一直线的位置。如图 6-1-2 所示,要将纸上定线的两直线 JD_2—JD_4 和 JD_4—JD_5 测设在地面上,只需要在地面上定出 1、2、3、4、5、6 等临时点即可。这些临时点的放样可采用支距法、极坐标法或其他方法。支距法放点,即垂直于导线边、垂足为导线点的直线与纸上定线的直线相交的点,如 1、2、4、6 点;极坐标法放点,即选择能够控制中线位置的任意点,如 5 点,或选择测图导线边与纸上定线的直线相交的点,如 3 点。为保证放线的精度和便于检查核对,一条直线至少应选择三个临时点,这些点一般应选在地势较高、通视良好、距导线点较近且便于测设的地方。

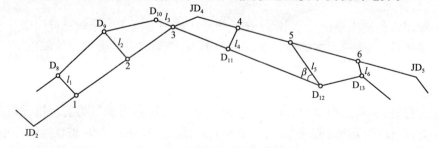

图 6-1-2 放点

临时点选定之后,即可在图上用比例尺和量角器量取这些点与相应导线点之间的距离和角度,如图 6-1-2 中距离 l_1、l_2、l_3、l_4、l_5、l_6 和角度 β。然后绘制放点示意图,标明点位和数据作为放点的依据。

放点时,应在现场找到相应的导线点。临时点如果是支距点,可用支距法放点,即方向架定出垂线方向,再用皮尺量出支距,定出点位;如果是任意点,则用极坐标法放点,即将经纬仪安置在相应的导线点上,按拨角法定出临时点的方向,再用皮尺量距,定出点位。

(2) 穿线

由于测量仪器、测设数据及放样点操作存在误差,在地形图上同一直线上的各点放于地面后,一般都不能准确地位于同一直线上,因此需要通过穿线,定出一条尽可能多地穿过或靠近临时点的直线。穿线可用目估或经纬仪进行,如图 6-1-3 所示。

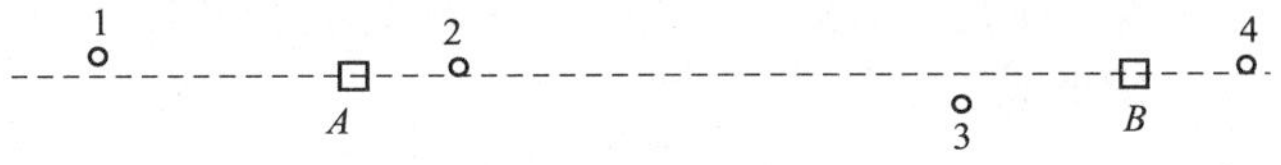

图 6-1-3 穿线

采用目估法,先在适中的位置选择 A、B 点竖立花杆,一人在 AB 延长线上观测,看直线 AB 是否穿过或靠近多数临时点,否则移动 A 或 B,直到达到要求为止,最后在 A、B 或其方向线上至少打下两个控制桩,称之为直线转点桩 ZD。采用经纬仪穿线时,仪器可置于 A 点,然后照准大多数临时点所穿过或靠近的方向定出 B 点,当多数临时点不通视时,也可将仪器置于直线中部较高的位置,瞄准一端多数临时点都靠近的方向,倒镜后若视线不能穿过另一端多数临时点所靠近的方向,则需将仪器左右移动,重新观测,直到达到要求为止,最后定出转点桩。

(3) 交点

当相邻两直线在地面上定出后,即可延长直线进行交会,定出交点。如图 6-1-4 所示,先将经纬仪置于 ZD_2,盘左瞄准 ZD_1,然后倒镜在视线方向于交点 JD 的概略位置前后打下两个木桩,俗称骑马桩,并沿视线方向用铅笔在两桩顶上分别标出 a_1 和 b_1 点。用盘右瞄准 ZD_1,倒镜在两桩顶上标出 a_2 和 b_2 点,分别量取 a_1、a_2 及 b_1、b_2 的中点,钉上小钉得 a 和 b,并用细线将 a、b 两点相连。这种以盘左、盘右两个盘位延长直线的方法称为正倒镜分中法。用同样方法再将仪器置于 ZD_3,瞄准转点 ZD_4,倒镜后视线与 ab 细线相交处打下木桩,然后用正倒镜分中法在桩顶精确定出交点 JD 的位置,钉上小钉。

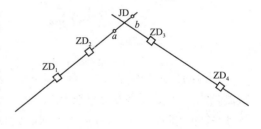

图 6-1-4 交点的钉设

2) 拨角放线法

这种方法是先在地形图上量出纸上定线的交点坐标,反算相邻交点间的直线长度、坐标方位角及路线转角,然后在野外将仪器置于路线中线起点或已确定的交点上,拨出转角,测设直线长度,一次定出各交点的位置。

这种方法外业工作快速,但拨角放线的次数越多,误差累积就越大,所以每隔一定距离应将测设的中线与测图导线联测,以检查拨角放线的质量。

3) 坐标放样法

交点坐标在地形图上确定后,利用测图导线按全站仪坐标放样法放点。这种方法外业工作最快,由于利用测图导线放点,所以没有误差累积。

107

2. 距离和测角测量

在路线转折处,为了测设曲线,需要测定其转角。所谓转角,是指路线由一个方向偏转为另一个方向时,偏转后的方向与原方向的夹角,通常以 α 表示,如图 6-1-5 所示。转角有左转、右转之分,按路线前进方向,位于延长线右侧的为右转角,通常以 $α_右$(或 $α_Y$)表示;位于延长线左侧的为左转角,通常以 $α_左$(或 $α_Z$)表示。在路线测量中,转角通常是通过测定路线前进方向的右角 $β$ 后,经计算而得到。

1) 路线右角的测定与转角的计算

(1) 路线右角的观测

路线右角如图 6-1-5 中所示 $β_5$、$β_6$,在中线测量中,一般采用测回法测定。上、下两个半测回所测角值的不符合值视公路等级而定:高速公路、一级公路限差为 ±20″,满足要求取平均值,取位至 1″;二级及二级以下的公路限差为 ±60″,满足要求取平均值,取位至 30″(即 10″舍去,20″、30″、40″取为 30″,50″进为 1′)。

(2) 转角的计算

当右角 $β_右$ 测定以后,根据 $β_右$ 值计算路线交点处的转角 α。当 $β_右$ < 180° 时为右转角(路线向右转),当 $β_右$ > 180° 时为左转角(路线向左转)。左转角和右转角按下式计算:

$$若 β_右 > 180° 时,则 α_左 = β_右 - 180°$$
$$若 β_右 < 180° 时,则 α_右 = 180° - β_右 \qquad (6-1-1)$$

2) 曲线中点方向桩的钉设

为便于中桩组敷设平曲线中点桩,测角组在测角的同时,需将曲线中点方向桩(亦即分角线方向桩)钉设出来,如图 6-1-6 所示。分角线方向桩离交点距离应尽量大于曲线外距,以利于定向插点。一般转角愈大,外距也愈大,这样分角桩就应设置得远一点。

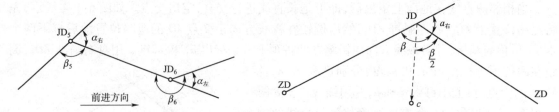

图 6-1-5 路线的右角和转角　　　　图 6-1-6 标定分角线方向

用经纬仪定分角线方向,首先就要计算出分角线方向的水平度盘读数,通常这项工作是紧跟测角之后在测角读数的基础上进行的(即保持水平度盘位置不变),根据测得右角的前后视读数,按下式即可计算出分角线方向的读数:

$$分角线方向的水平度盘读数 = \frac{1}{2}(前视读数 + 后视读数) \qquad (6-1-2)$$

有了分角线方向的水平度盘读数,即可按拨角法定分角线方向。拨角方法是转动照准部,使水平度盘读数为这一读数,此时望远镜照准的方向即为分角线方向(有时望远镜会指向相反方向,这时需倒转望远镜,在设置曲线的一侧,定出分角线方向)。沿视线指向插杆钉桩,即为曲线中点方向桩。

3) 视距测量

观测视距的目的,是用视距法测出相邻交点间的直线距离,以便提交给中桩测量组,供其与实际丈量距离进行校核。

视距测量的方法通常有两种:一种是利用测距仪或全站仪测量,这种方法是分别于交点和相邻交点(或转点)上安置棱镜和仪器,采用仪器的距离测量功能,从读数屏可直接读出两点间平距;另一种是利用经纬仪标尺测量,它是于交点和相邻交点(或转点)上分别安置经纬仪和标尺(水准尺或塔尺),采用视距测量的方法计算两点间平距。这里尤应指出的是,用测距仪或全站仪测得的平距可用来计算交点桩号,而用经纬仪所测得的平距,只能用作参考来校核在中线测设中有无丢链现象(即校核链距)。

当交点间距离较远时,为了保证测量精度,可在中间加点,采取分段测距方法。

4)磁方位角观测与计算方位角校核

观测磁方位角的目的,是为了校核测角组测角的精度和展绘平面导线图时检查展线的精度。路线测量规定,每天作业开始与结束须观测磁方位角,至少各一次,以便与根据观测值推算方位角校核,其误差不得超过2°。若超过规定,必须查明发生误差的原因,并及时予以纠正;若符合要求,则可继续观测。

磁方位角通常用森林罗盘仪观测,亦可用附有指北装置的仪器直接观测。

5)路线控制桩位固定

为便于以后施工时恢复路线及放样,对于中线控制桩,如路线起点桩、终点桩、交点桩、转点桩、大中桥位桩以及隧道起终点桩等重要桩志,均须妥善固定和保护,以防止丢失和破坏。为此,应采取保护桩志措施,并积极向当地群众宣传保护测量桩志的重要性,协助共同维护好桩志。

桩志固定方法应因地制宜地采取埋土堆、垒石堆、设护桩等形式加以固定,在荒坡上亦可采取挖平台方法固定。埋土堆、垒石堆顶面为 40cm × 40cm 方形或直径为 40cm 圆形,高 50cm,堆顶应钉设标志桩。

为控制桩位,除采取固定措施外,还应设护桩(亦称"栓桩")。定位护桩的方法很多,如距离交会法、方向交会法、导线延长法等,具体采用什么方法应根据实际情况灵活掌握。公路工程测量通常多采用距离交会法定位。护桩一般设3个,护桩间夹角不宜小于60°,以减小交会误差,如图 6-1-7 所示。

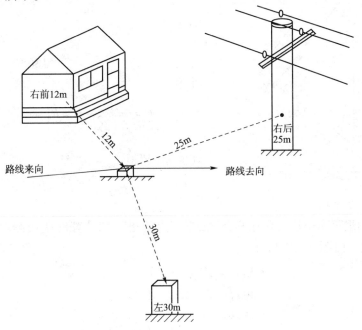

图 6-1-7 距离交会法护桩

109

护桩应尽可能利用附近固定的地物点设置,如房基墙角、电杆、树木、岩石等,如无此条件,可埋混凝土桩或钉设大木桩。护桩位置的选择,应考虑不致为日后施工或车辆行人所毁坏。

在护桩或作为控制的地物上,用红油漆画出标记和方向箭头,写明所控制的固定桩志名称、编号以及距桩志的斜向距离,并绘出示意草图,记录在手簿上,供日后编制"路线固定桩一览表"。

工作任务二　圆曲线的测设

一、相关知识

圆曲线又称单曲线,是指具有一定半径的圆的一部分(即一段圆弧线),是路线转向常用的一种曲线形式。圆曲线的测设一般分以下两步进行:

第一步,先测设曲线的主点,称为圆曲线的主点测设。即测设曲线的起点(又称为直圆点,通常以缩写 ZY 表示)、中点(又称为曲中点,通常以缩写 QZ 表示)和终点(又称为圆直点,通常以缩写 YZ 表示)。

第二步,在已测定的主点之间进行加密,按规定桩距测设曲线上的其他各桩点,称为曲线的详细测设。

二、任务实施

1. 圆曲线主点测设要素的计算

如图 6-2-1 所示,设交点(JD)的转角为 α,假定在此所设的圆曲线半径为 R,则曲线的测设元素有切线长 T、曲线长 L、外距 E 和切曲差 D,可分别按下列公式计算:

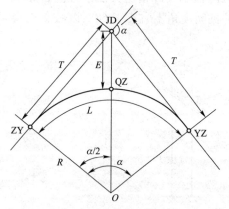

图 6-2-1　圆曲线的主点测设

切线长

$$T = R \cdot \tan \frac{\alpha}{2}$$

曲线长

$$L = R \cdot \alpha \cdot \frac{\pi}{180°}$$

外距

$$E = \frac{R}{\cos \frac{\alpha}{2}} - R = R\left(\sec \frac{\alpha}{2} - 1\right) \quad (6\text{-}2\text{-}1)$$

切曲差(超距)

$$D = 2T - L$$

2. 主点里程的计算

交点(JD)的里程由中线丈量中得到,根据交点的里程和计算的曲线测设元素,即可计算出各主点的里程。由图 6-2-1 可知:

$$\begin{aligned}
&\text{ZY 里程} = \text{JD 里程} - T \\
&\text{YZ 里程} = \text{ZY 里程} + L \\
&\text{JD 里程} = \text{QZ 里程} + D/2 \text{(校核)} \\
&\text{QZ 里程} = \text{YZ 里程} - L/2
\end{aligned} \quad (6\text{-}2\text{-}2)$$

【例 6-2-1】 已知某 JD 的里程为 K4+787.45,测得转角 $\alpha_{右}=30°12'$,圆曲线半径 $R=250\mathrm{m}$,求曲线测设元素及主点里程。

解:曲线测设元素的计算:由公式(6-2-1)代入数据计算得:$T=67.46\mathrm{m}, L=131.77\mathrm{m}, E=8.94\mathrm{m}, D=3.15\mathrm{m}$。

主点里程的计算:由公式(6-2-2)得:

```
        JD              K4 + 787.45
      - ) T                  67.46
        ─────────────────────────────
        ZY              K4 + 719.99
      + ) L                 131.77
        ─────────────────────────────
        YZ              K4 + 851.76
      - ) L/2                65.89
        ─────────────────────────────
        QZ              K4 + 785.87
      + ) D/2                 1.58(校核)
        ─────────────────────────────
        JD              K4 + 787.45(计算无误)
```

3. 主点的测设

圆曲线的测设元素和主点里程计算出后,便可按下述步骤进行主点测设:

1) 曲线起点(ZY)的测设

测设曲线起点时,将仪器置于交点 $i(\mathrm{JD}_i)$ 上,望远镜照准后一交点 $i-1(\mathrm{JD}_{i-1})$ 或此方向上的转点,沿望远镜视线方向量取切线长 T,得曲线起点 ZY,暂时插一测钎标志。然后用钢尺丈量 ZY 至最近一个直线桩的距离,如两桩号之差等于所丈量的距离或相差在容许范围内,即可在测钎处打下 ZY 桩。如超出容许范围,应查明原因,重新测设,以确保桩位的正确性。

2) 曲线终点(YZ)的测设

在曲线起点(ZY)的测设完成后,转动望远镜照准前一交点 JD_{i+1} 或此方向上的转点,往返量取切线长 T,得曲线终点(YZ),打下 YZ 桩即可。

3) 曲线中点(QZ)的测设

测设曲线中点时,可自交点 $i(\mathrm{JD}_i)$,沿分角线方向量取外距 E,打下 QZ 桩即可。

4. 圆曲线的详细测设

在圆曲线的主点设置后,即可进行详细测设。详细测设所采用的桩距与"曲线半径"有关。按桩距 l_0 在曲线上设桩,通常有整桩号法和整桩距法两种方法,目前公路中线测量一般采用整桩号法。

整桩号法:将曲线上靠近起点(ZY)的第一个桩的桩号凑整成为 l_0 倍数的整桩号,且与 ZY 点的桩距小于 l_0,然后按桩距 l_0 连续向曲线终点 YZ 设桩,这样设置的桩的桩号均为整数。

整桩距法:从曲线起点 ZY 和终点 YZ 开始,分别以桩距 l_0 连续向曲线中点 QZ 设桩。由于这样设置的桩的桩号一般为破碎桩号,因此,在实测中应注意加设百米桩和公里桩。

圆曲线的详细测设方法很多,下面仅介绍两种常用方法。

1) 切线支距法

切线支距法又称直角坐标法,是以曲线的起点 ZY(对于前半曲线)或终点 YZ(对于后半曲线)为坐标原点,以过曲线的起点 ZY 或终点 YZ 的切线为 x 轴,过原点的半径为 y 轴,按曲

线上各点坐标 x、y 设置沿线上各点的位置。

如图 6-2-2 所示,设 P_i 为曲线上待测设的点位,该点至 ZY 点或 YZ 点的弧长为 l_i,φ_i 为 l_i 所对的圆心角,R 为圆曲线半径,则 P_i 点的坐标按下式计算:

$$x_i = R \cdot \sin\varphi_i$$
$$y_i = R \cdot (1 - \cos\varphi_i) = x_i \cdot \tan\frac{\varphi_i}{2} \quad (6\text{-}2\text{-}3)$$

式中:
$$\varphi_i = \frac{l_i}{R} \cdot \frac{180°}{\pi} \quad (6\text{-}2\text{-}4)$$

【例 6-2-2】在例题 6-2-1 中,若采用切线支距法,并按整桩号设桩,试计算各桩坐标。

例题 6-2-1 中已计算出主点里程(ZY 里程、QZ 里程和 YZ 里程),在此基础上按整桩号法列出详细测设的桩号,并计算其坐标。具体计算见表 6-2-1。

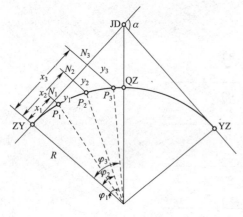

图 6-2-2 切线支距法详细测设圆曲线

解:切线支距法详细测设圆曲线,为了避免支距过长,一般是由 ZY 点和 YZ 点分别向 QZ 点施测,其测设步骤如下:

①从 ZY 点(或 YZ 点)用钢尺或皮尺沿切线方向量取点 P_i 的横坐标 x_i,得垂足点 N_i。

②在垂足点 N_i 上,用方向架或经纬仪定出切线的垂直方向,沿垂直方向量出 y_i,即得到待测定点 P_i。

③曲线上各点测设完毕后,应量取相邻各桩之间的距离,并与相应的桩号之差作比较,若较差均在限差之内,则曲线测设合格;否则应查明原因,予以纠正。

切线支距法适用于平坦开阔地区,具有测点误差不累积的优点。

切线支距法坐标计算表　　　　　　　　　　　　　　　　表 6-2-1

桩　号		各桩至 ZY 或 YZ 点的曲线长(l_i)	圆心角(φ_i)	x_i(m)	y_i(m)
ZY	K4+719.99	0	0°0′0″	0	0
	K4+760	20.1	4°35′10″	19.33	0.80
	K4+760	40.01	9°10′11″	39.84	3.19
	K4+780	60.01	13°45′12″	59.44	7.17
QZ	K4+785.87				
	K4+800	51.76	11°51′45″	51.39	5.34
	K4+820	31.76	7°16′44″	31.67	2.01
	K4+840	11.76	2°41′43″	11.76	0.28
YZ	K4+851.76	0	0°0′0″	0	0

2)偏角法

偏角法是以曲线起点(ZY)或终点(YZ)至曲线上待测设点 P_i 的弦线与切线之间的弦切角(这里称为偏角)Δ_i 和弦长 C_i 来确定 P_i 点的位置。

如图 6-2-3 所示,根据几何原理,偏角 Δ_i 等于相应弧长所对的圆心角 φ_i 的一半,即 $\Delta_i = \frac{\varphi_i}{2}$。

根据式(6-2-4),则:

$$\Delta_i = \frac{l_i}{2R} \cdot \frac{180°}{\pi} = \frac{l_i}{R} \cdot \frac{90°}{\pi} \quad (6\text{-}2\text{-}5)$$

式中:l_i——P_i点至 ZY 点(或 YZ 点)的曲线长度。

弦长 c 可按下式计算:

$$c = 2R\sin\frac{\varphi_i}{2} = 2R\sin\Delta_i \quad (6\text{-}2\text{-}6)$$

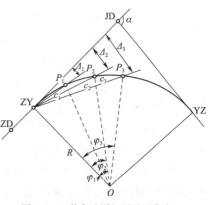

图 6-2-3　偏角法详细测设圆曲线

【例 6-2-3】仍以例 6-2-1 为例,采用偏角法按整桩号设桩,计算各桩的偏角和弦长。设曲线由 ZY 点向 YZ 点测设,计算内容及结果见表 6-2-2 所列。

偏角法详细测设圆曲线数据计算表　　表 6-2-2

桩　号	桩点至 ZY 点的曲线长 l_i(m)	偏角值 Δ_i (°　′　″)	长弦 C_i (m)	短弦 c_i (m)
ZY　K4+719.99	0.00	00　00　00	0	0
K4+740	20.01	2　17　35	20	20
K4+760	40.01	4　35　05	39.97	19.99
K4+780	60.01	6　52　36	59.87	19.99
QZ　K4+785.87	65.88	7　32　57	65.69	5.87
K4+800	80.01	9　10　06	79.67	14.13
K4+820	100.01	11　27　37	99.34	19.99
K4+840	120.01	13　45　04	118.85	19.99
YZ　K4+851.76	131.77	15　05　59	130.25	11.77

注:1. 长弦指桩点至曲线起点(ZY)的弦长。
　　2. 短弦指相邻两桩点间的弦长。

解:测设方法如下:用偏角法详细测设圆曲线的细部点,因测设距离的方法不同,分为长弦偏角法和短弦偏角法两种。前者测量测站至细部点的距离(长弦 C_i),适合于用经纬仪加测距仪(或用全站仪);后者测量相邻细部点之间的距离(短弦 c_i),适合于用经纬仪加钢尺。

仍按上例,具体测设步骤如下:

①安置经纬仪(或全站仪)于曲线起点(ZY)上,盘左瞄准交点(JD),将水平盘读数设置为 $0°00'00''$。

②水平转动照准部,使水平度盘读数为:+740 桩的偏角值 $\Delta_1 = 2°17'35''$,然后从 ZY 点开始,沿望远镜视线方向量测出弦长 $C_1 = 20.00\text{m}$,定出 P_1 点,即为 K4+740 的桩位。

③再继续水平转动照准部,使水平度盘读数为:+760 桩的偏角值 $\Delta_2 = 4°35'05''$,从 ZY 点开始,沿望远镜视线方向量测长弦 $C_2 = 39.97\text{m}$,定出 P_2 点;或从 P_1 点测设短弦 $c_2 = 19.99\text{m}$,与水平度盘读数为偏角 Δ_2 时的望远镜视线方向相交而定出 P_2 点。以此类推,测设 $P_3, P_4, \cdots$,直至 YZ 点。

④测设至曲线终点(YZ)作为检核,继续水平转动照准部。使水平度盘读数为 $\Delta_{YZ} = 15°05'59''$,从 ZY 点开始,沿望远镜视线方向量测出长弦 $C_{YZ} = 130.25\text{m}$,或从 K4+840 桩测设短弦 $c = 11.77\text{m}$,定出一点。此点如果与 YZ 不重合,其闭合差应符合表 6-2-3 所列规定。

公路等级	纵向闭合差		横向闭合差(cm)		曲线偏角闭合差(″)
	平原微丘区	山岭重丘区	平原微丘区	山岭重丘区	
高速公路、一级公路	1/2 000	1/1 000	10	10	60
二级及二级以下公路	1/1 000	1/500	10	15	120

曲线闭合差　　　　　表6-2-3

此例路线为右转角，当路线为左转时，由于经纬仪的水平度盘注记为顺时针增加，则偏角增大，而水平度盘的读数是减小的。此时，应查表6-2-2的数据，采用经纬仪角度反拨的方法。即经纬仪安置于ZY点上，瞄准JD，使水平度盘的读数为00°00′00″（亦可理解为360°00′00″），则瞄准+740桩时，需拨偏角$\Delta_1 = 2°17′35″$，此时水平度盘的读数应为357°42′25″（由359°59′60″ − 2°17′35″而得到），此拨角法称为角度反拨。以此类推，拨出其他桩的偏角，进行测设。

偏角法不仅可以在ZY点上安置仪器测设曲线，而且还可在YZ点或QZ点上安置仪器进行测设，也可以将仪器安置在曲线任一点上测设。这是一种测设精度较高、适用性较强的常用方法，但在用短弦偏角法时存在测点误差累积的缺点，所以宜采取从曲线两端向中点或自中点向两端测设曲线的方法。

工作任务三　虚交曲线的计算与测设

一、相关知识

道路中线测量中，当路线的交点（JD）处不能设桩，更无法安置仪器（如交点落入河中、深谷下、峭壁上或建筑物上等），此时测角、量距都无法直接进行，或交点虽可设桩和安置仪器，但因转角较大，交点远离曲线，即做虚交处理。

二、任务实施

1. 圆外基线法

如图6-3-1所示，路线交点落入河里不能设桩，这样便形成虚交点（JD），为此在曲线外侧沿两切线方向各选择一辅助点A和B，将经纬仪分别安置在A、B两点上，测算出α_a和α_b，用钢尺往返丈量得到A、B两点的距离$\overline{AB}$，所测角度和距离均应满足规定的限差要求。

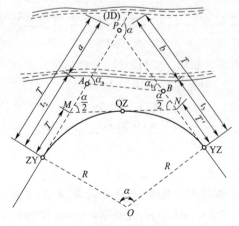

图6-3-1　圆外基线法

由图6-3-1可知：在由辅助点A、B和虚交点（JD）构成的三角形中，应用边角关系及正弦定理可得：

$$\alpha = \alpha_a + \alpha_b$$

$$a = \overline{AB}\frac{\sin\alpha_b}{\sin(180° - \alpha)} = \overline{AB}\frac{\sin\alpha_b}{\sin\alpha}$$
$$b = \overline{AB}\frac{\sin\alpha_a}{\sin(180° - \alpha)} = \overline{AB}\frac{\sin\alpha_a}{\sin\alpha}$$
(6-3-1)

根据转角α和选定的半径R，即可算得切线长T和曲线长L；

再由a、b、T，分别计算辅助点A、B至曲线起点ZY点和终点YZ点的距离t_1和t_2：

$$t_1 = T - a_1$$
$$t_2 = T - b_1$$
$$T = R \cdot \tan\left(\frac{\alpha}{2}\right)$$
(6-3-2)

如果计算出的 t_1 和 t_2 出现负值,说明曲线的 ZY 点或 YZ 点位于辅助点与虚交点之间。根据 t_1 和 t_2,即可定出曲线的 ZY 点和 YZ 点。A 点的里程得出后,曲线主点的里程也可算出。

曲中点 QZ 的测设,可采用以下方法:

如图 6-3-1 所示,设 MN 为过 QZ 点的切线,则:

$$T' = R \cdot \tan\frac{\alpha}{4}$$
(6-3-3)

测设时由 ZY 点和 YZ 点分别沿切线量出 T',得 M 点和 N 点,再由 M 点或 N 点沿 MN 或 NM 方向量出 T',得 QZ 点。

曲线主点定出后,即可用切线支距法、偏角法或极坐标法进行曲线详细测设。

2. 切基线法

如图 6-3-2 所示,曲线通过 GQ 点(GQ 点为公切点),则圆曲线被分为两个同半径的圆曲线,其切线长分别为 T_1 和 T_2,过 GQ 点的切线 AB 称为切基线。

现场施测时,应根据现场的地形和路线的最佳位置,在两切线方向上选取 A、B 两点,构成切基线 AB。并量测 A、B 两点间的长度 AB,观测计算出角度 α_1 和 α_2。

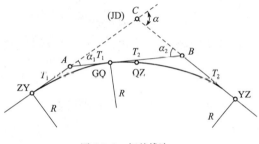

图 6-3-2 切基线法

$$T_1 = R \cdot \tan\frac{\alpha_1}{2}$$
$$T_2 = R \cdot \tan\frac{\alpha_2}{2}$$
(6-3-4)

将以上两式相加得:

$$AB = T_1 + T_2$$

整理后得:

$$R = \frac{T_1 + T_2}{\tan\left(\frac{\alpha_1}{2}\right) + \tan\left(\frac{\alpha_2}{2}\right)}$$
(6-3-5)

根据 R、α_1、α_2,利用公式求得 T_1、T_2 与 L_1、L_2,将 L_1 与 L_2 相加即可得到圆曲线的总长 L。

现场测设时,在 A 点安置仪器,分别沿两切线方向量测长度 T_1,便得到曲线的起点 ZY 点和 GQ 点;在 B 点安置仪器,分别沿两切线方向量测长度 T_2,便得到曲线的终点 YZ 点和 GQ 点,以 GQ 点进行校核。

曲中点 QZ 可在 GQ 点处用切线支距法测设。由图可知,GQ 点与 QZ 点之间的弧长 l 为:

(1)当 QZ 点在 GQ 点之前时,弧长 $l = L/2 - l_1$。

(2)当 QZ 点在 GQ 点之后时,弧长 $l = L/2 - l_2$。

在运用切基线法测设时,当求得的曲线半径值不能满足规定的最小半径或不适合于地形时,说明切基线位置选择不当,可把已定的 A、B 点作为参考点进行调整,使其满足要求。

曲线三主点定出后,即可采用前述的方法进行曲线的详细测设。

3. 弦基线法

在某些地区,当曲线的交点无法测定,而已经给定了曲线的起点(或终点)的位置,在测设圆曲线时,可运用"同一圆弧段两端点弦切角相等"的原理,来确定曲线的终点(或起点)。连接曲线起、终点的弦线,称为弦基线。

如图6-3-3所示,A点为给定的曲线起点,B点为后视方向上的一点,设B'点为曲线终点的初定位置,F点为其前视方向上的一点。具体测设曲线终点B的步骤如下:

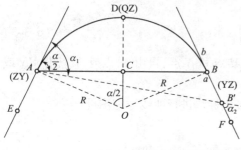

图6-3-3 弦基线法

将经纬仪安置于B'点上,通过对A点和F点的观测,求算出$α_2$的大小,并在FB'延长线上估计B点位置的前后标出a、b两点,然后将经纬仪安置于$A(ZY)$点上,通过对E点和B'点的观测,求算出$α_1$的大小,则此虚交的转角$α = α_1 + α_2$。

仪器在A点,后视E点或其方向上的交点(或转点),然后纵转望远镜(倒镜)拨出弦切角$α/2$,得弦基线的方向,该方向线与已设置的ab线的交点即为$B(YZ)$点。量测出AB的长度$\overline{AB}$,则曲线的半径可按下式求得:

$$R = \overline{AB}/2R\sin\frac{α}{2}$$

为测设曲中点QZ,按下式求CD的长度$\overline{CD}$:

$$\overline{CD} = R \cdot \left(1 - \sin\frac{α}{2}\right) = 2R\sin^2\frac{α}{4}$$

从弦基线AB的中点C量出垂距长$\overline{CD}$,即可以定出QZ点。

工作任务四 缓和曲线的计算与测设

一、相关知识

1. 概念

汽车在行驶过程中,由直线进入圆曲线是通过驾驶员转动方向盘,从而使前轮逐渐发生转向,其行驶轨迹是一条曲率连续变化的曲线。汽车在直线上的离心力为零,而在圆曲线上却存在离心力,离心力的大小与圆曲线曲率和行车速度成正比。当路线的平面线形表现为直线与圆曲线直接相连时,离心力会发生突变,对行车安全不利,也影响行车的稳定性和舒适性,尤其是汽车高速行驶时,这种现象更为明显。

为了使路线的平面线形更加符合汽车的行驶轨迹,使汽车在行驶中离心力逐渐变化,确保行车的安全性和舒适性,需要在直线与圆曲线之间插入一段曲率半径由无穷大逐渐变化到圆曲线半径的过渡性曲线,这就是缓和曲线。

缓和曲线的作用是使曲线曲率连续变化,车辆便于遵循,保证行车安全;离心加速度逐渐变化,旅客感到舒适;曲线上超高和加宽逐渐过渡,行车平稳和路容美观;与圆曲线配合适当的缓和曲线,可提高驾驶员的视觉平顺性,增加线形美感。

缓和曲线主要有回旋线、三次抛物线及双扭线等。目前我国公路设计中,常以回旋线作为缓和曲线。

2.回旋型缓和曲线基本公式

(1)基本公式

如图6-4-1所示,回旋线是曲率半径随曲线长度增大而反比例均匀减小的曲线,即在回旋曲线上任意一点的曲率半径r与曲线的长度成反比。用公式表示为:

$$r = \frac{c}{l} \quad \text{或} \quad c = rl$$

式中:r——回旋线上某点的曲率半径(m);

l——回旋线上某点到原点的曲线长(m);

c——常数。

为了使上式两边的量统一,引入回旋线参数A,令$A^2 = c$,A表征回旋线曲率变化的缓急程度。则回旋线基本公式为:

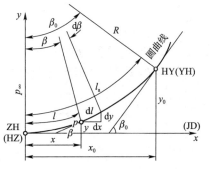

图6-4-1 回旋线型缓和曲线

$$A^2 = rl \quad (6\text{-}4\text{-}1)$$

在缓和曲线的终点HY点(或YH点),$r = R$,$l = l_s$(缓和曲线全长),则:

$$A^2 = Rl_s \quad (6\text{-}4\text{-}2)$$

缓和曲线长度的确定应考虑乘客的舒适、超高过渡的需要,并不应小于3s的行程。我国《公路路线设计规范》(JTG D20—2004)规定了各级公路缓和曲线的最小长度,见表6-4-1。

各级公路缓和曲线最小长度　　　　表6-4-1

计算行车速度(km/h)	120	100	80	60	40	30	20
缓和曲线最小长度(m)	100	85	70	60	40	30	20

(2)切线角公式

如图6-4-1所示,回旋线上任一点的切线与x轴(起点ZH或HZ切线)的夹角称为切线角,用β表示。该角值与P点至曲线起点长度l所对应的中心角相等。在P处取一微分弧段$\mathrm{d}l$,所对的中心角为$\mathrm{d}\beta$,于是:

$$\mathrm{d}\beta = \frac{\mathrm{d}l}{r} = \frac{l\mathrm{d}l}{A^2} \quad (6\text{-}4\text{-}3)$$

积分得:

$$\beta = \frac{l^2}{2A^2} = \frac{l^2}{2Rl_s} \quad (6\text{-}4\text{-}4)$$

当$l = l_s$时,β以β_0表示,式(6-4-4)可写成:

$$\beta_0 = \frac{l_s}{2R} \quad (\mathrm{rad})$$

以角度表示则为:

$$\beta_0 = \frac{l_s}{2R} \cdot \frac{180°}{\pi} \quad (°) \quad (6\text{-}4\text{-}5)$$

β_0即为缓和曲线全长l_s所对的中心角即切线角,也称缓和曲线角。

(3)缓和曲线的参数方程

如图6-4-1所示,以缓和曲线起点为坐标原点,过该点的切线为x轴,过原点的半径为y轴,任取一点P的坐标为(x,y),则微分弧段$\mathrm{d}l$在坐标轴上的投影为:

$$dx = dl \cdot \cos\beta$$
$$dy = dl \cdot \sin\beta$$
(6-4-6)

将式(6-4-6)中的 $\cos\beta$、$\sin\beta$ 按级数展开,并将式(6-4-3)带入后积分,且略去高次项得:

$$x = l - \frac{l^5}{40R^2 l_s^2}$$
$$y = \frac{l^3}{6Rl_s} - \frac{l^7}{336R^3 l_s^3}$$
(6-4-7)

式(6-4-7)称为缓和曲线的参数方程。

当 $l = l_s$ 时,则得到缓和曲线终点坐标为:

$$x_0 = l_s - \frac{l_s^3}{40R^2}$$
$$y_0 = \frac{l_s^2}{6R} - \frac{l_s^4}{336R^3}$$
(6-4-8)

二、任务实施

1. 带有缓和曲线的平曲线主点测设

(1)内移值 p 与切线增值 q 的计算

如图6-4-2所示,在曲线与圆曲线之间插入缓和曲线时,必须将原有的圆曲线向内移动一定距离 p,才能使缓和曲线的起点位于直线方向上,这时切线增值为 q。公路上一般采用圆心不动的平行移动方法,即未设缓和曲线时的圆曲线为 FG,其半径为 $R+p$,插入两段缓和曲线 AC 和 BD,圆曲线向内移,其保留部分为 CMD,半径为 R,所对的圆心角为 $\alpha - 2\beta_0$。

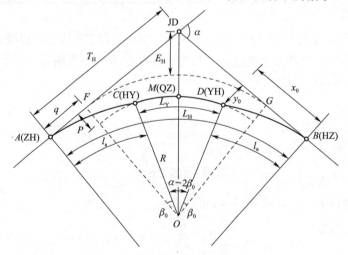

图6-4-2 带有缓和曲线的平曲线

测设时必须满足的条件为 $\alpha \geq 2\beta_0$,否则应缩短缓和曲线长度或加大圆曲线半径使之满足条件。由图可知:

$$p = y_0 - R(1 - \cos\beta_0)$$
$$q = x_0 - R \cdot \sin\beta_0$$
(6-4-9)

将式(6-4-9)中 $\cos\beta_0$、$\sin\beta_0$ 展开为级数,略去高次项,并按式(6-4-5)和式(6-4-8)将 β_0、x_0 和 y_0 带入,可得:

$$p = \frac{l_s^2}{24R}$$

$$q = \frac{l_s}{2} - \frac{l_s^3}{240R^2} \tag{6-4-10}$$

由式(6-4-7)与式(6-4-10)可知，内移距 p 等于缓和曲线中点纵坐标 y 的两倍，切线增值 l 约为缓和曲线长度 l_s 的一半，缓和曲线的位置大致是一半占用直线部分，另一部分占用圆曲线部分。

(2) 平曲线测设元素

当测得转角 α，圆曲线半径 R 和缓和曲线长 l_s 确定后，即可按式(6-4-5)和式(6-4-10)计算切线角 β_0、内移值 p 和切线增值 q，在此基础上计算平曲线测设元素。如图6-4-2所示，平曲线测设元素可按下列公式计算：

切线长
$$T_H = (R+p) \cdot \tan\frac{\alpha}{2} + q$$

曲线长
$$L_H = R(\alpha - 2\beta_0) \cdot \frac{\pi}{180°} + 2l_s$$

其中，圆曲线长
$$L_y = R(\alpha - 2\beta_0)\frac{\pi}{180°} \tag{6-4-11}$$

外距
$$E_H = (R+p) \cdot \sec\frac{\alpha}{2} - R$$

切曲差
$$D_H = 2T_H - L_H$$

(3) 平曲线主曲线测设

根据交点的里程和平曲线测设元素，计算主点里程

直缓点
$$ZH\text{ 里程} = JD\text{ 里程} - T_H$$

缓圆点
$$HY\text{ 里程} = ZH\text{ 里程} + l_s$$

圆缓点
$$YH\text{ 里程} = HY\text{ 里程} + l_y$$

缓直点
$$HZ\text{ 里程} = YH\text{ 里程} + l_s \tag{6-4-12}$$

曲中点
$$QZ\text{ 里程} = HZ\text{ 里程} - \frac{L_H}{2}$$

交点
$$JD\text{ 里程} = QZ\text{ 里程} + \frac{D_H}{2}(\text{校核})$$

主点 ZH、HZ 和 QZ 的测设方法与圆曲线主点测设相同，HY 和 YH 点可按式(6-4-8)计算 x_0、y_0。用切线支距法测设。

2. 带有缓和曲线的平曲线的详细测设

(1) 切线支距法

如图 6-4-3 所示，切线支距法是以直缓点 ZH 或缓直点 HZ 为坐标原点，以过原点的切线为 x 轴，过原点的半径为 y 轴，利用缓和曲线和圆曲线上各点的 x、y 坐标测设曲线。

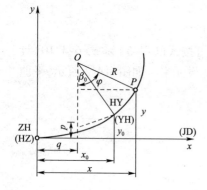

图 6-4-3 切线支距法

在缓和曲线上各点的坐标可按缓和曲线参数方程式(6-4-7)计算，即：

$$x = l - \frac{l^5}{40R^2 l_s^2}$$
$$y = \frac{l^3}{6Rl_s} - \frac{l^7}{336R^3 l_s^3}$$
(6-4-13)

在圆曲线段上各点的坐标可由图 6-4-3 按几何关系求得为：

$$x = R \cdot \sin\varphi + q$$
$$y = R(1 - \cos\varphi) + p$$
(6-4-14)

式中，$\varphi = \frac{l - l_s}{R} \times \frac{180}{\pi} + \beta_0$，$l$ 为该点到缓圆点 HY 或圆缓点 YH 的曲线长，仅为圆曲线部分的长度。

在算出缓和曲线和圆曲线上各点的坐标后，即可按圆曲线切线支距法的测设方法进行测设。

另外，圆曲线上各点也可以缓圆点 HY 或圆缓点 YH 为坐标原点，用切线支距法进行测设，此时只要将过 HY 点或 YH 点的切线定出。如图 6-4-4 所示，计算出 T_d（缓和曲线起、终点的两切线交点至缓和曲线起点的距离）长，HY 点或 YH 点的切线即可确定。T_d 由下式计算：

$$T_d = x_0 - \frac{y_0}{\tan\beta_0} = \frac{2}{3}l_s + \frac{l_s^2}{360R^2}$$
(6-4-15)

(2) 偏角法

可将经纬仪置于 ZH 点或 HZ 点对缓和曲线上各点进行测设。如图 6-4-5 所示，设缓和曲线上任意一点 P 的偏角为 δ，至 ZH 点或 HZ 点的曲线长为 l，其弦长近似与曲线长相等，亦为 l。

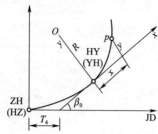

图 6-4-4 切线支距法测设带有缓和曲线的平曲线

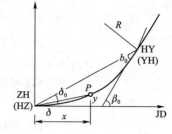

图 6-4-5 偏角法测设平曲线

由直角三角形得：

$$\sin\delta = \frac{y}{l}$$

因 δ 很小，则 $\sin\delta = \delta$，又 $y = \frac{l^3}{6Rl_s}$，则：

$$\delta = \frac{l^2}{6Rl_s} \tag{6-4-16}$$

HY 点或 YH 点的偏角 δ_0 为缓和曲线的总偏角。将 $l = l_s$ 代入式(6-4-16)得：

$$\delta = \frac{l}{6R} \tag{6-4-17}$$

因为

$$\beta_0 = \frac{l_s}{2R}$$

则

$$\delta_0 = \frac{1}{3}\beta_0 \tag{6-4-18}$$

将式(6-4-16)与式(6-4-17)相比，得：

$$\delta = \left(\frac{l}{l_0}\right)^2 \delta_0 \tag{6-4-19}$$

由式(6-4-19)可知，缓和曲线上任意一点的偏角与该点至缓和曲线起点的曲线长的平方成正比。在按式(6-4-19)计算出缓和曲线上各点的偏角后，将仪器置于 ZH 点或 HZ 点上，与偏角法测设圆曲线一样进行测设。缓和曲线上弦长为：

$$c = l - \frac{l^5}{90R^2 l_s^2} \tag{6-4-20}$$

由于缓和曲线上弦长近似等于相对应的弧长，因而在测设时弦长一般以弧长代替。

圆曲线上各点的测设需将仪器迁至 HY 点或 YH 点上进行。这时，只要定出 HY 或 YH 点的切线方向，就与无缓和曲线的圆曲线一样测设。关键是计算 b_0，如图 6-4-5 所示。

$$b_0 = \beta_0 - \delta_0 = 3\delta_0 - \delta_0 = 2\delta_0 \tag{6-4-21}$$

将仪器置于 HY 点上，瞄准 ZH 点，水平度盘配置在 b_0（当曲线右转时，配置在 $360° - b_0$），旋转照准部，使水平度盘读数为 0°00′00″并倒镜，此时视线方向即为 HY 点的切线方向。

工作任务五 复曲线与回头曲线的测设

一、复曲线的测设

复曲线是由两个或两个以上不同半径的同向圆曲线衔接而成，一般多用于地形比较复杂的山区。在测设时，必须先定出其中一个圆曲线的半径，该曲线称为主曲线，其余的曲线称为副曲线。副曲线的半径由主曲线半径和测量的相关数据求得。

1. 切基线法测设复曲线

如图 6-5-1 所示，主、副曲线的交点为 A、B，两曲线相接于公切点 GQ。将经纬仪分别安置于 A、B 两点，测算出转角 α_1、α_2，用测距仪或钢尺往返丈量得到 A、B 两点的距离 $\overline{AB}$，在选定主曲线的半径 R_1 后，即可按以下步骤计算副曲线的半径 R_2 及测设元素：

(1)根据主曲线的转角 α_1 和半径 R_1 计算主曲线的测设元素 T_1、L_1、E_1、D_1。

(2)根据基线 $\overline{AB}$ 的长度和主曲线切线长 T_1，计算副曲线的切线长 T_2：

$$T_2 = \overline{AB} - T_1 \tag{6-5-1}$$

(3)根据副曲线的转角 α_2 和切线长 T_2 计算副曲线的半径 R_2：

$$R_2 = \frac{T_2}{\tan\frac{\alpha_2}{2}} \quad (\text{计算至 cm}) \tag{6-5-2}$$

(4)根据副曲线的转角 α_2 和半径 R_2，计算副曲线的测设元素 T_2、L_2、E_2、D_2。

(5)主点里程计算采用前述方法。

测设曲线时，由 A 点沿切线方向向后量取 T_1，得 ZY 点；沿 AB 方向向前量 T_1 得 GQ 点；由 B 点沿切线方向向前量取 T_2，得 YZ 点。曲线的详细测设仍可用前述的有关方法进行。

2. 弦基线法测设复曲线

如图 6-5-2 所示，设定 A、C 两点分别为曲线的起点和公切点，目的是确定曲线的终点 B。具体测设方法如下：

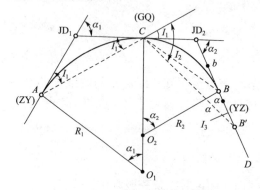

图 6-5-1　弦基线法测设复曲线　　　　图 6-5-2　切基线法测设复曲线

(1)在 A 点安置仪器，观测弦切角 I_1，根据同弧段两端弦切角相等的原理，则得主曲线的转角为 $\alpha_1 = 2I_1$。

(2)设 B' 点为曲线终点 B 的初测位置，在 B' 点安置仪器观测出弦切角 I_3，同时在切线上 B 点的估计位置前后，打下骑马桩 a、b。

(3)在 C 点安置仪器，观测出 I_2。由图可知，复曲线的转角 $\alpha_2 = I_2 - I_1 + I_3$。将照准部后视 A 点，并使水平度盘读数配量为 $0°00'00''$，倒转望远镜，顺时针拨角 $(\alpha_1 + \alpha_2)/2 = (I_1 + I_2 + I_3)/2$，此时望远镜的视线方向即为弦 CB 的方向，交骑马桩 a、b 的连线于 B 点，即确定了曲线的终点。

(4)用测距仪(全站仪)或钢尺往返丈量得到 AC 和 CB 的长度 $\overline{AC}$ 和 $\overline{CB}$，由此计算主、副曲线的半径 R_1、R_2，即：

$$\left. \begin{array}{l} R_1 = \dfrac{\overline{AC}}{2\sin\dfrac{\alpha_1}{2}} \\ \\ R_2 = \dfrac{\overline{CB}}{2\sin\dfrac{\alpha_2}{2}} \end{array} \right\} \tag{6-5-3}$$

(5)由求得的主、副曲线半径和测算的转角分别计算主、副曲线的测设元素，然后仍按前述有关方法进行详细测设。

二、回头曲线的测设

对于山区低等级公路，当路线跨越山岭时，为了克服距离短、高差大的展线困难，或跨越深沟、绕过山嘴时，路线方向将做较大转折，往往需要设置回头曲线。回头曲线一般由主曲线和两个副曲线组成,主曲线是一转角接近、等于或大于180°的圆曲线,副曲线在路线上、下线各设置一个,在主、副曲线之间一般以直线连接。下面介绍两种主曲线的测设方法。

1. 切基线法

如图6-5-3所示,路线的转角接近于180°,应设置回头曲线,设DF、EG分别为曲线的上线和下线,D、E两点分别为副曲线的交点,主曲线的交点甚远无法得到,但在选线时,可确定出交点方向的定向点F、G。在此情况下,如果能确定出曲线顶点QZ的切线AB(AB线在此称为顶点切基线),则问题就变得简单了,具体测设方法如下:

(1) 根据现场的具体情况,在DF、EG两切线上选取顶点切基线AB的初定位置AB′,其中A为定点,B′为初定点。

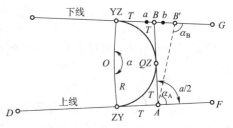

(2) 将仪器安置于初定点B′上,观测出角α_B,并在EG线上B点的概略位置前后设置a、b两个骑马桩。

(3) 将仪器安置于A点,观测出角α_A,则路线的转角$\alpha = \alpha_A + \alpha_B$。后视定向点F,反拨角值$\alpha/2$,由此得到视线与骑马桩a、b连线的交点,即为B点的点位。

图6-5-3 顶点切基线法

(4) 量测出顶点切基线AB的长度,并取$T = AB/2$,从A点沿AD、AB方向分别量测出长度T,便定出ZY点和QZ点;从B点沿BE方向量测出长度T,便定出YZ点。

(5) 计算主曲线的半径$R = \dfrac{T}{\tan\dfrac{\alpha}{4}}$,再由半径R和转角$\alpha$求出曲线的长度L,并根据A点的里程,计算出曲线的主点里程。

主点测设完成后,可用前述方法进行详细测设。

2. 弦基线法

如图6-5-4所示,设EF、GH分别为曲线的上、下线,E、H为两副曲线的交点,F、G为定向点,4点均在选线时确定,如果能得到曲线起点ZY和终点YZ的连线AB长度(AB称为弦基线),则问题亦可以解决。具体测设方法如下:

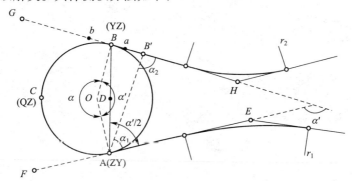

图6-5-4 弦基线法

(1) 根据现场的具体情况,在EF、GH两切线上选取弦基线AB的初定位置AB′,其中,A(ZY)为定点,B′为初定点。

(2) 将仪器安置于初定点B′上,观测出角α_2,并在GH线上B点的概略位置前后设置a、b两个骑马桩。

(3) 将仪器安置于A点,观测出角α_1,则$\alpha' = \alpha_1 + \alpha_2$。以AE为起始方向,反拨角值$\alpha'/2$,

由此得到视线与骑马桩 a、b 连线的交点,即为 $B(YZ)$ 点的点位。

（4）量测出弦基线 AB 的长度,按式(6-3-5)计算曲线的半径 R。

（5）由图 6-5-4 可知,主曲线所对应的圆心角为 $\alpha = 360° - \alpha'$,根据 R 和 α,便可求得主曲线长度 L,并由 A 点的里程计算主点里程。

（6）曲线的中点 QZ 可按弦线支距法设置。

支距长

$$DC = R \cdot \left(1 + \cos\frac{\alpha'}{2}\right) = 2R \cdot \cos^2\frac{\alpha'}{4} \tag{6-5-4}$$

测设时,从 AB 的中点向圆心作垂线,量测出 DC 的长度,即得曲线的中点 $C(QZ)$。主点测设完成后,可用前述的方法进行详细测设。

习 题

1. 线路中线测量的任务、内容各是什么？
2. 什么是整桩号法设桩？什么是整桩距法设桩？两者各有什么特点？
3. 简述线路交点和转点测设的方法。
4. 某交点处转角为 $50°25'30''$,圆曲线设计半径 $R = 200\text{m}$,交点 JD 的里程为 K5 + 458.58,计算圆曲线主点测设数据及主点里程。如取细部点的桩距为 10m,计算偏角法放样细部点时各点的测设数据。
5. 已知交点的里程桩号为 K21 + 476.21,转角 = $37°16'$,圆曲线半径 $R = 300\text{m}$,缓和曲线长 l_s 采用 60m,试计算该曲线的测设元素、主点里程以及缓和曲线终点的坐标。

模块七 道路纵、横断面测量

学习目标

本模块着重介绍了道路纵、横断面测量,包括基平测量、中平测量、纵断面图的绘制、横断面测量。通过本模块的学习,应掌握中、基平测量的方法与施测过程,以及线路纵、横断面图的测绘方法。

学习要求

知识要点	能力要求	相关知识
纵、横断面测绘	(1)道路纵、横断面测量 (2)道路纵、横断面图的绘制	(1)基平测量和中平测量 (2)纵、横断面测量的方法 (3)纵、横断面图绘制的方法

道路纵断面测量的目的是测定道路中线里程桩的高程,为绘制路线纵断面图提供基础数据,包括基平测量和中平测量两部分内容。

道路横断面测量就是测绘道路各中桩位置处垂直于路中线方向的地面起伏情况,为横断面图绘制、路基、边坡设计、土石方计算及施工放样等提供基础资料。

工作任务一 基平测量

一、相关知识

基平测量工作主要是沿线设置水准点,并测出其高程,为中平测量和施工测量提供依据,建立路线高程控制。

1. 基平测量有关要求

(1)水准点的布设

用水准测量方法建立的高程控制点称为水准点。水准点布设时,应尽量靠近中线,距路线中心线的距离应大于50m,宜小于300m,以方便中线及施工测量。水准点应设在不易被破坏、高程不变、易于引测、不易风化的岩石或永久性建筑物基座等牢固凸出的地方。

水准点布设密度应根据地形和工程需要而定。一般平原微丘区不应超过1.5km布设一个,山岭重丘区不应超过1km。另外,应在路线起终点、大中桥桥位两岸、隧道进出口、垭口、大型人工构造物等地增设水准点。水准点高程应尽量引用国家水准点,或者假定高程接近实际高程(用气压表或地形图测出或查出)。水准点用"BM"标注,并注明脚标编号、日期及水准点高程,如 $\underset{BM}{\oplus}\genfrac{}{}{0pt}{}{1.087.238m}{1998.6.9}$ 。

水准点布设好后,应用红油漆连同符号一起写在水准点旁,并将其距中线上某一里程桩的距离、方位(左侧或右侧)以及与周围主要地物的关系等内容记在记录本上,以供外业结束后编制水准点一览表和绘制路线平面图之用。

(2)等级选用与精度要求

各级公路及构造物的高程控制测量等级不得低于表7-1-1规定。

高程控制测量等级选用　　　　　　　　　　　　　　　　　表7-1-1

高架桥、路线控制测量	多跨桥梁总长$L(m)$	单跨桥梁$L_K(m)$	隧道贯通长度$L_G(m)$	测量等级
—	$L \geq 3\,000$	$L_K \geq 500$	$L_G \geq 6\,000$	二等
—	$1\,000 \leq L < 3\,000$	$150 \leq L_K < 500$	$3\,000 \leq L_G < 6\,000$	三等
高架桥、高速、一级公路	$L < 1\,000$	$L_K < 150$	$L_G < 3\,000$	四等
二、三、四级公路	—	—	—	五等

水准测量的主要技术要求应符合表7-1-2的规定。

水准测量的主要技术要求　　　　　　　　　　　　　　　　表7-1-2

测量等级	往返较差、附合或环线闭合差(mm)		检测已测测段高差之差(mm)
	平原、微丘	重丘、山岭	
二等	$\leq 4\sqrt{l}$	$\leq 4\sqrt{l}$	$\leq 6\sqrt{L_i}$
三等	$\leq 12\sqrt{l}$	$\leq 3.5\sqrt{n}$或$\leq 15\sqrt{l}$	$\leq 20\sqrt{L_i}$
四等	$\leq 20\sqrt{l}$	$\leq 6.0\sqrt{n}$或$\leq 25\sqrt{l}$	$\leq 30\sqrt{L_i}$
五等	$\leq 30\sqrt{l}$	$\leq 45\sqrt{n}$	$\leq 40\sqrt{L_i}$

注:计算往返较差时,l为水准点间的路线长度(km);计算附合或环线闭合差时,l为附合或环线的路线长度(km);n为测站数。L_i为检测测段长度(km),小于1km时按1km计算。

2. 基平测量施测方法

水准测量观测的主要技术要求应符合表7-1-3的规定。

水准测量观测的主要技术要求　　　　　　　　　　　　　　表7-1-3

测量等级	仪器类型	水准尺类型	视线长(m)	前后视较差(m)	前后视累积差(m)	视线离地面最低高度(m)	基辅(黑红)面读数差(mm)	基辅(黑红)面高差较差(mm)
二等	$DS_{0.5}$	铟瓦	≤ 50	≤ 1	≤ 3	≥ 0.3	≤ 0.4	≤ 0.6
三等	DS_1	铟瓦	≤ 100	≤ 3	≤ 6	≥ 0.3	≤ 1.0	≤ 1.5
	DS_2	双面	≤ 75				≤ 2.0	≤ 3.0
四等	DS_3	双面	≤ 100	≤ 5	≤ 10	≥ 0.2	≤ 3.0	≤ 5.0
五等	DS_3	单面	≤ 100	≤ 10	—	—	—	≤ 7.0

(1)一般测量方法

水准点的高程测量,视公路的等级而定,一般等级公路水准测量的等级采用五等水准测量方法进行,即采用一台水准仪在水准点间作往返观测,也可使用两台水准仪作单程观测,其往返观测或双仪单程观测所得高程在符合精度要求的情况下,取平均值即可。五等水准测量的具体施测方法参见模块三。

高等级公路或大型桥隧高程控制测量,采用三、四等高程控制测量方法进行。三、四等高程控制测量方法在模块三中已介绍,这里不再累述。

(2)跨河水准测量

《公路勘测细则》(JTG/T C10—2007)规定,当水准路线通过宽度为各等级水准测量的标准视线长度2倍以下的江河、山谷时,可用一般观测方法进行,但在测站上应变换一次仪器高度,观测2次,2次高差之差应符合表7-1-4的规定。

跨河水准测量两次观测高差之差　　　　　　　表7-1-4

测量等级	高差之差(mm)	测量等级	高差之差(mm)
二等	≤1.5	四等	≤7
三等	≤7	五等	≤9

3. 基平测量成果处理

对于五等水准测量,当外业测量数据经检核满足精度要求后,要进行内业成果计算。即调整高差闭合差(将高程闭合差按误差理论合理分配到各测段的高差中去),最后以调整后的高差计算各水准点的高程。

高程测量的误差是随水准路线的长度或测站数的增加而增加的,因此,高差闭合差的调整原则就是把闭合差以相反的符号根据各测段路线的长度或测站数按比例分配到各测段的高差上。

二、任务实施

(1)选择某一等级公路,路段长4km左右,进行水准点的布设,选用对应的水准测量等级及施测方法,进行基平测量,并进行成果处理。

(2)根据任务要求,提交基平测量水准点布置一览表、水准测量记录表、基平测量成果表。

工作任务二　中平测量

一、相关知识

中平测量是根据基平测量提供的水准点高程,按附合水准路线逐点施测中桩的地面高程。即以相邻的两个水准点为一测段,从一水准点开始,逐点测定各中桩的地面高程,并闭合于下一个水准点上,也叫中桩高程测量。

1. 中平测量精度要求

中桩高程测量数据应取位至cm,中桩高程测量精度如表7-2-1所示。

中桩高程测量精度　　　　　　　表7-2-1

公路等级	闭合差(mm)	两次测量之差(mm)	公路等级	闭合差(mm)	两次测量之差(mm)
高速公路,一、二级公路	≤$30\sqrt{L}$	≤5	三级及三级以下公路	≤$50\sqrt{L}$	≤10

注:L 为高程测量的路线长度(km)。

2. 中平测量施测方法

1)一般测量方法

中平测量通常采用普通水准测量的方法施测,以相邻两基平水准点为一测段,从一个水准点出发,对测段范围内所有路线中桩逐个测量其地面高程,最后附合到下一个水准点上。中平测量时,每一测段除观测中桩外,还须设置传递高程的转点,转点位置应选择在稳固的桩顶或坚石上,视距限制在 150m 以内,相邻转点间的中桩称为中间点。为提高传递高程的精度,每一测站应先观测前后转点,转点读数至毫米(mm),然后观测中间点,中间点读数至厘米(cm)即可,立尺应紧靠桩边的地面上。

图 7-2-1 所示为某一段道路的中平测量示意图,由水准点 BM_4 开始,测定 K4 + 000 至 K4 + 240 中桩地面高程,表 7-2-2 为相应的路线中桩高程测量记录表。

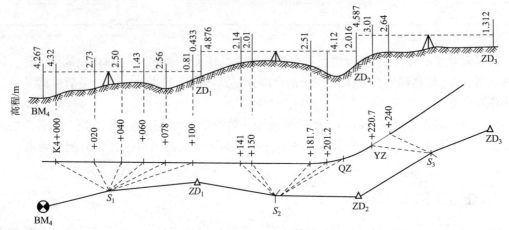

图 7-2-1　道路中平测量示意图

路线中桩高程(中平)测量记录表　　　　　　　　　　　　　　表 7-2-2

桩号或测点编号	水准尺读数			视线高 (m)	高程 (m)	备　注
	后视	间视	前视			
BM_4	4.267			235.739	231.472	
K4 + 000		4.32			231.42	
+020		2.73			233.01	
+040		2.50			233.24	
+060		1.43			234.31	
+080		2.56			233.18	
+100		0.81			234.93	
ZD_1	4.876		0.433	240.182	235.306	BM_4 位于 K4 + 000 桩右侧 50m 处
+141		2.14			238.04	
+150		2.01			238.17	
ZY + 181.7		2.51			237.67	
QZ + 201.2		4.12			236.06	
ZD_2	4.587		2.016	242.753	238.166	
YZ + 220.7		3.01			239.74	
+240		2.64			240.11	
ZD_3			1.312		241.441	

首先,置水准仪于 S_1 站,在水准点 BM_4 上立尺,读取后视读数为 4.267m,记入表中后视栏,然后在测站视线范围内,依次在中桩 K4 + 000 ~ K4 + 100 上立尺,读数分别为 4.32m、2.73m、

2.50m、1.43m、2.56m、0.81m,称为中视读数,记入表中中视栏。当水准仪视线不能继续读尺时(如读不到K4+141桩上的尺),设转点ZD_1,并在其上立尺,读取前视读数0.433m,记入表中前视栏,则中桩点及转点的高程按所属测站的视线高程进行计算,计算公式见式(7-2-1)～式(7-2-3)。然后,将仪器搬至下一站S_2,以ZD_1为后视,继续观测下去,最后附合到邻近的水准点上。计算该水准点高程,并与该水准点已知高程相比较得高程闭合差,当高程闭合差在容许误差的范围内时,说明此段测量符合要求。中平测量闭合差一般不必调整,可直接使用各观测结果中桩点高程。

$$视线高程 = 后视点高程 + 后视读数 \qquad (7\text{-}2\text{-}1)$$
$$中桩高程 = 视线高程 - 中视读数 \qquad (7\text{-}2\text{-}2)$$
$$转点高程 = 视线高程 - 前视读数 \qquad (7\text{-}2\text{-}3)$$

2)跨沟谷中平测量

当中平测量遇到跨沟谷时,因高差较大,沟内中桩高程若按一般方法测量,需设置的测站与转点较多,以致影响测量的速度与精度。为避免出现这种情况,可按下列方法施测。

(1)沟内外分测法

如图7-2-2所示,仪器设在测站Ⅰ,采用一般中平测量方法测至沟谷边缘时,同时设两个转点,用于沟外测的ZD_{16}和用于沟内测的ZD_A。以ZD_A进行沟内中桩高程测量,以ZD_{16}继续沟外测量。

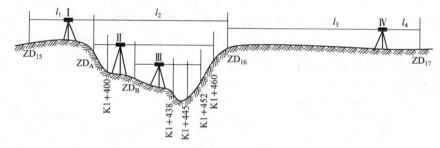

图7-2-2 跨沟谷中平测量示意图

沟内中桩高程测量时,仪器安置在测站Ⅱ,后视ZD_A,观测沟谷内两岸的中桩点水准尺,并设置ZD_B,再将仪器移至测站Ⅲ,后视ZD_B,观测沟内各中桩水准尺,依此测算沟谷内各中桩点高程。沟内中桩高程测量完成后,再从ZD_{16}开始进行前面的中平测量。

此测量方法使沟内外高程传递各自独立,互不影响,沟内的测量不会影响到整个测段的闭合,但沟内测量为支水准路线形式,缺少检核条件,施测时应认真细心。另外,为减小仪器造成测量误差,仪器设站时,应尽量使$l_3 = l_2$、$l_4 = l_1$,或者$l_3 + l_1 = l_2 + l_4$。利用沟内沟外分开测量时,沟内沟外测量记录须断开,另作记录,避免混淆。

(2)接尺法

中平测量遇到跨沟谷时,如沟谷较窄,个别中桩处高程不便测,可采用接长水准尺的方法进行测量。接尺时应注意刻度线对齐,测量读数时应加上接尺长度。在测量记录表内应注明接尺长度和使用中桩位置,以利计算检查,避免混乱。

3)全站仪中平测量

模块四中对全站仪的测量功能已作介绍,应用全站仪三维坐标测量功能,在中线测量的同时进行中桩高程测量。

将全站仪安置在控制点上,将置仪点的地面高程H、仪器高i、棱镜高l直接输入全站仪,在中桩测设完成的同时,就可直接从显示屏中读取中桩点的高程。高程测量的数据也可存入仪器并在需要时调入计算机处理。

二、任务实施

(1)选择某一等级公路,路段长 2km 左右,依据基平测量水准点高程成果,采用一般的中平测量方法,进行中桩高程测量,填写中平测量记录表,推算各中桩点的高程。

(2)根据任务要求,提交中平测量记录计算表。

工作任务三 纵断面图的绘制

一、相关知识

公路纵断面图是沿中线方向绘制的地面起伏和纵坡变化的线状图,它能反映各路段纵坡大小和中线上的填挖尺寸,是公路设计和施工中的重要资料。

1. 道路纵断面图图示内容

如图 7-3-1 所示,在图的上半部,从左至右绘有两条贯穿全图的线,一条是细折线,表示中线方向的实际地面线,是根据中桩间距和高程按比例绘制的;另外一条是粗线,表示带有竖曲线在内的纵坡设计线,是纵坡设计时绘制的。此外,在图上还注有水准点位置、编号和高程,桥涵的类型、孔径、跨数、长度、里程桩号和设计水位,竖曲线示意图及其曲线元素,同公路、铁路交叉点的位置、里程和有关说明等。在图的下部几栏表格中,注记有关测量和纵坡设计的资料,其中包括以下几项内容。

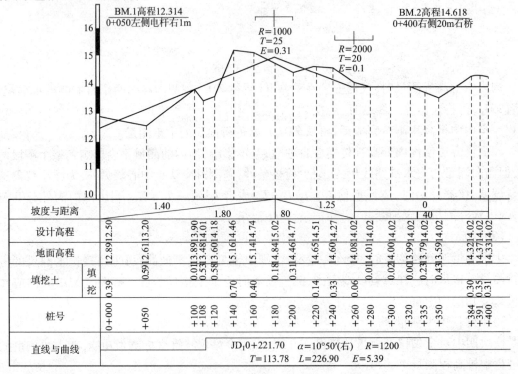

图 7-3-1 某段道路纵断面图

(1)直线与曲线

根据中线测量资料绘制的中线示意图,路中线的直线部分用直线表示,圆曲线部分用直角的折线表示,上凸的表示右转,下凸的表示左转,并注明交点编号和曲线半径。带有缓和曲线的平曲线还应注明缓和曲线段的长度,在图中以斜线表示。

(2)里程

一般按比例标注百米桩和公里桩,里程比例一般按 1:1 000、1:2 000 或 1:5 000,为突出地面坡度变化,高程比例一般是里程比例的 10 倍。

(3)地面高程

按中平测量成果填写相应里程桩的地面高程。

(4)设计高程

设计高程是按中线设计纵坡计算的路基高程。根据设计纵坡坡度 i 和相应的水平距离 D,按下式便可从一点的高程推算另一点的高程。

$$H_B = H_A + iD_{AB} \tag{7-3-1}$$

(5)坡度

从左至右向上斜的线表示上坡(正坡),向下斜的线表示下坡(负坡),斜线上以百分数注记坡度的大小,斜线下为坡长,水平路段坡为零。

(6)土的地质说明

即标明路段中土的地质情况。

2.道路纵断面图绘制步骤

(1)打制表格

公路纵断面图是以里程为横坐标,高程为纵坐标绘制的。按照选定的里程和高程比例尺表格打制,填写里程、地面点高程、直线与曲线、土的地质说明等资料。

(2)绘地面线

选定合适的纵坐标起始高程,以使绘制出的地面线位于图上适当位置,一般以 10m 整倍数的高程定在 5cm 方格的粗线上,便于绘图和识图。然后根据中桩的里程和高程,按纵横比例尺依次点出各中桩的地面位置,再用细直线将相邻点依次连接起来,就得到了地面线。

(3)计算设计高程

当道路的纵坡线设计完成后,即可根据设计纵坡及里程桩号,由一点的高程计算另一点的设计高程,计算公式见(7-3-1)。

(4)计算中桩填挖尺寸

同一桩号处设计高程与地面高程之差即为该中桩处的填挖高度,填土高度和挖土深度一般分栏填写。

(5)注记资料

如水准点、桥涵、竖曲线等。

二、任务实施

(1)选择某一等级公路,路段长 700m 左右,依据中平测量中桩高程和道路沿线有关调查资料,以纵坐标比例尺 1:200、横坐标比例尺 1:2 000,打制纵断面图表格,标注中桩里程号,依中桩高程资料点绘地面点,并用细实线连接,依据纵坡设计线计算中桩设计高程和填挖尺寸,填入下方对应栏内,并填入路段土地质情况、路段纵坡、平面直线与曲线等资料,并在图上注记水准点、桥涵、竖曲线等。

(2)根据任务要求,提交道路纵断面图。

工作任务四　道路横断面测量

一、相关知识

过道路中线的任意一点作法线方向的剖面,称道路横断面,横断面测量的宽度由路基宽度、中桩填挖高度及地形情况确定,一般在道路中线两侧各测 15~50m。进行横断面测量首先要确定横断面的方向,然后在此方向上测定中线两侧地面坡度变化点的距离和高差。

1. 横断面方向测定

横断面的方向可用方向盘、经纬仪、全站仪等及其辅助工具或仪器测定。公路中线是由直线段和曲线段构成,而直线段和曲线段上的横断面方向测量方法也不同。

1)直线段上横断面方向测定

直线路段的横断面方向指垂直于中心线的方向,故要确定横断面的方向,首先要标定出公路中心线。一般用两个中桩标定,在此方向上再找出垂直方向,这种方法称为直接法。另外一种方法是由横断面中桩的坐标,计算边桩的坐标,外业放样中桩和边桩点,这两点连线方向即为横断面方向,把这种方法称为间接法。

(1)方向架法

将垂直的方向架置于待测定的中桩上,用方向架上的一个轴瞄准中线的另一个中桩,则另一个轴所指定的方向为横断面方向,如图 7-4-1 所示。

(2)方向盘法

方向盘法一是用水准仪下的度盘,二是用木架上装置一圆形刻度盘。将方向盘立于要测定的横断面中桩上,瞄准中线上另一个中桩,则在此方向上增加或减少 90°的方向即为横断面的方向。

(3)经纬仪法

置经纬仪于待测定的中桩上,瞄准交点方向,拨 90°视线方向为横断面方向。如需精确标定时,可采用正倒镜拨 90°分中法。

(4)全站仪法

如图 7-4-2 所示,求 $P(x,y)$ 点横断面方向,先求出 P 点横断面方向上一点 M 的坐标(x', y'),再用坐标法在实地上标出 M 点位置,PM 的方向即为 P 点横断面方向。另外,使用全站仪可按经纬仪法测定横断面方向。

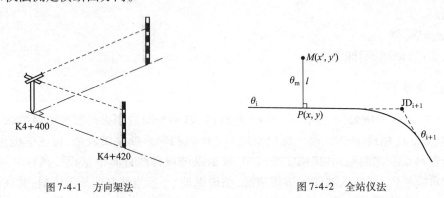

图 7-4-1　方向架法　　　　　　　　　图 7-4-2　全站仪法

2)圆曲线段上横断面方向测定

当线路的中线为圆曲线段时,其横断面方向是中桩点切线的垂直方向或中桩点与圆心的连线方向。

(1)求心方向架法

圆曲线上一点的横断面方向即是该点的半径方向。测定时一般采用求心方向架,即在方向架上安装一个可以转动的活动片,并可通过一固定螺旋将其固定。

如图 7-4-3 所示,欲测圆曲线上桩点的横断面方向,将求心方向架置于 ZY(或 YZ)点上,用固定片 ab 瞄准切线方向(如交点),则另一固定片 cd 所指方向即为 ZY(或 YZ)点的横断面方向。保持方向架不动,转动活动片 ef 瞄准 1 点并将其固定。然后将方向架搬至 1 点,用固定片 cd 瞄准 ZY(YZ)点,则活动片 ef 所指方向即为 1 点的横断面方向。在测定 2 点的横断面方向时,可在 1 点的横断面方向上插一花杆,以固定片 cd 瞄准它,ab 片的方向即为切线方向。此后的操作与测定 1 点横断面方向时完全相同,保持方向架不动,用活动片 ef 瞄准 2 点并固定。将方向架搬至 2 点,用固定片 cd 瞄准 1 点,活动片 ef 的方向即为 2 点的横断面方向。如果圆曲线上桩距相同,在定出 1 点横断面方向后,保持活动片 ef 原来位置,将其搬至 2 点上,用固定片 cd 瞄准 1 点,活动片 ef 即为 2 点的横断面方向。圆曲线上其他各点横断面方向测定亦可按照上述方法进行。

(2)经纬仪法

将经纬仪置于要测定的中桩 A 点,如图 7-4-4 所示,后视 B(C)点,根据内业计算得到的弦切角 Δ_i,将仪器转动 Δ_i 角度得 A 点切线方向,与其垂直的方向即为横断面方向,或直接测定 $(90°-\Delta_i)$ 方向,即为 A 点横断面方向。

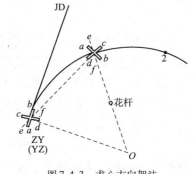

图 7-4-3 求心方向架法

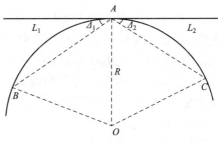

图 7-4-4 经纬仪法

(3)全站仪法

全站仪法是通过计算中桩坐标和边桩坐标(一般为路基边缘)或圆心坐标,用全站仪按直接放样法,确定横断面的方向,也可按经纬仪法测定圆曲线段上的横断面方向。

3)缓和曲线路段的横断面方向测定

缓和曲线采用回旋线,中桩横断面方向即为缓和曲线上某点与通过该点的曲率圆之圆心的连线方向,也就是该点的曲率圆在该点切线的垂直方向。

(1)直接法

如图 7-4-5 所示,要测定缓和曲线上点 A 处的横断面方向,由缓和曲线关系式可知:

$$\Delta_1 = \frac{1}{3} \cdot \beta \qquad \Delta_2 = \frac{2}{3} \cdot \beta \qquad (7-4-1)$$

其中:$\beta = \frac{L}{2R} \cdot \frac{180}{\pi}$,L 为 ZH~A 的弧长。

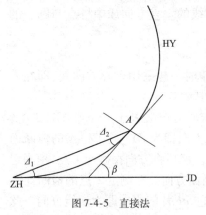

首先将经纬仪置于 ZH 点上,测出 A 点偏角 Δ_1,再将仪器搬至 A 点,以 $\Delta_2 = 2\Delta_1$ 的度盘值方向瞄准 ZH 点,得 A 点切线方向,与其成 90°方向即为 A 点横断面方向。然后将仪器置于待测点 A 上,瞄准 ZH 点,当曲线左偏时,逆时针转动 Δ_2 角值得 A 点切线方向,找到切线方向,转动 90°(或 270°)得横断面方向,或顺时针转动 $(90°-\Delta_2)$ 角值,直接得横断面方向;当曲线右偏时,与上述方向相反转动仪器得到待测点横断面方向。

(2)间接法

间接法利用前面讲述的计算方法,计算中桩和边桩的坐标,用全站仪直接放样中桩及相对应的边桩,其两点的连线,即为过此中桩的横断面方向。

图 7-4-5 直接法

2. 横断面测量精度要求

横断面测量中的距离、高差的读数应取位至 0.1m,精度要求的检测互差限差应符合表 7-4-1 的规定。

横断面检测互差限差　　　　　表 7-4-1

公 路 等 级	距离(m)	高差(m)
高速公路,一、二级公路	≤$L/100 + 0.1$	≤$h/100 + L/200 + 0.1$
三级及以下公路	≤$L/50 + 0.1$	≤$h/50 + L/100 + 0.1$

注:1. L 为测点至中桩的水平距离(m);
　　2. h 为测点至中桩的高差(m)。

3. 横断面测量方法

高速、一级、二级公路横断面测量应采用水准仪皮尺法、GPS-RTK 方法、全站仪法、经纬仪视距法、架置式无棱镜激光测距仪法,无构造物及防护工程路段可采用数字地面模型方法、手持式无棱镜激光测距仪法;特殊困难地区和三级及三级以下公路,可采用水准仪法、数字地面模型方法和手持式无棱镜激光测距仪法、抬杆法等。下面介绍几种常用的横断面测量方法。

(1)标杆皮尺法(抬杆法)

如图 7-4-6 所示,点 A、B、C 为横断面方向上所选定的变坡点,施测时,将标杆立于 A 点,皮尺靠中桩地面拉平,量出至 A 点的平距,皮尺截取标杆的高度即为两点的高差,同法可测出 A 点至 B 点、B 点至 C 点等测段的距离和高差。此法简便,但精度较低。

横断面测量记录形式如表 7-4-2 所示,表中按路线前进方向分左侧和右侧,桩号从下往上记录,表中左侧和右侧记录平距和高差,以分数表示,分子表示高差,分母表示平距,高差为正号表示上坡,负号表示下坡。

图 7-4-6 标杆皮尺法(尺寸单位:m)

标杆皮尺法横断面测量记录表　　　　　表 7-4-2

左侧(m)			里程桩号	左侧(m)		
… $\dfrac{-0.6}{11.0}$	$\dfrac{-1.8}{8.5}$	$\dfrac{-1.6}{6.0}$ …	K4+000	$\dfrac{+1.0}{4.8}$	$\dfrac{+1.4}{12.5}$	$\dfrac{-2.2}{8.6}$ …
…			…	…		

（2）水准仪皮尺法

此法适用于施测横断面较宽的平坦地区，测量精度较高。如图7-4-7所示，安置水准仪后，以中线桩地面高程点为后视，以中线桩两侧横断面方向的地形特征点为前视，标尺读数读至1cm。用皮尺分别量出各特征点到中线桩的水平距离，量至1dm，高差由后视读数与前视读数求差得到。水准仪皮尺法横断面测量记录计算见表7-4-3。

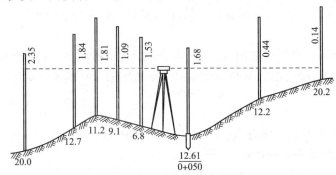

图7-4-7 水准仪法测横断面（尺寸单位：m）

水准仪皮尺法横断面测量记录计算表　　　　表7-4-3

桩号	各变坡点至中桩的水平距离（m）		后视读数（m）	前视读数（m）	各变坡点与中桩之间的高差（m）	备注
K0+050	左侧	0.00	1.67			
		6.8		1.63	+0.04	
		9.1		1.09	+0.58	
		11.2		1.81	−0.14	
		12.7		1.84	−0.17	
		20.0		2.35	−0.68	
	右侧	12.2		0.44	+1.23	
		20.2		0.14	+1.53	

（3）经纬仪视距法

安置经纬仪于中线桩上，直接用经纬仪测定出横断面方向。用视距法测出各特征点与中线桩间的平距和高差。此法适用于任何地形，包括地形复杂、山坡陡峻的线路横断面测量。利用电子全站仪则速度快、效率高。

4. 横断面图的绘制

道路横断面图是指道路中线上各点垂直于路线前进方向的竖向剖面图。

目前公路测量中，一般都是在野外边测边绘，便于及时对横断面图进行检核，也可现场记录，内业完成横断面图的绘制。根据横断面测量成果，对距离和高程取统一比例尺（通常取1:100或1:200），在厘米方格纸上绘制横断面图。绘图时，先在图纸上定好中桩位置，由中桩开始，分左、右两侧逐一按各测点间的距离和高程点绘于图纸上，并用直线连接相邻各点即得横断面地面线。图7-4-8为经横断面设计后，在地面线

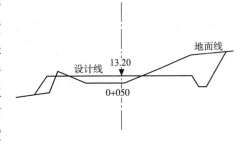

图7-4-8 横断面图

135

上、下绘有标准路基横断面的图形。一般一张图幅内绘有多个横断面图,绘图顺序是从图纸左下方起,自下而上、由左至右,依次按桩号绘制每个中桩位置处的横断面图。

二、任务实施

(1)选择某公路长 1km 左右的路段,根据道路中线测量资料,在每个中桩位置处采用方向架或经纬仪测定其横断面方向,采用标杆皮尺法或水准仪皮尺法进行横断面测量,并正确记录横断面测量数据。

(2)根据上面测得的横断面数据资料,在厘米格纸上依次绘制出各中桩的横断面图。

(3)根据任务要求,提交道路横断面图测量记录数据表和横断面成果图。

1. 路线纵断面测量的任务是什么?什么是横断面测量?
2. 直线、圆曲线和缓和曲线的横断面方向如何确定?
3. 简述纵断面测量的方法及纵断面图的绘制方法。
4. 简述横断面测量的方法及横断面图的绘制方法。
5. 按题表 7-1 所列中平测量观测数据完成计算。

中平水准测量手簿   题表 7-1

点 号	水平尺读数(m)			视线高程(m)	高程(m)	备 注
	后视	中视	前视			
BM_1	1.020				35.883	
DK5+000		0.78				
+020		0.98				
+040		1.21				
+060		1.79				
+071.5		2.30				
ZD_1	2.162		2.471			
+80		0.86				
+100		1.02				
+108.7		1.35				
+120		2.37				
ZD_2	2.246		2.675			
+140		2.43				
+160		1.10				
+180		0.95				
+200		1.86				
ZD_3			2.519			

模块八 施工测量的基本知识

学习目标

本模块主要介绍施工测量最基本的工作,即施工放样。施工放样是工程测量的三项任务之一。学习本模块,要了解施工测量的目的、内容、原则以及施工测量的特点;掌握已知水平距离、已知水平角和已知高程的测设方法,掌握点的平面位置的测设方法;掌握已知坡度的测设方法。

学习要求

知识要点	能力要求	相关知识
测设的基本工作	(1)能够根据工程实际情况选择已知水平距离的测设方法并进行测设 (2)能够根据精度要求选择合适的水平角的测设方法并进行水平角测设 (3)能够根据工程现状选择测设高程的方法并进行测设	(1)用钢尺、全站仪测设水平距离的方法 (2)一般法和精密法测设水平角 (3)地面点高程的测设和空间点高程的测设
点的平面位置的测设	(1)能够根据工程现状合理选择点的平面位置的测设方法 (2)能够进行点的平面位置的测设	直角坐标法、角度交会法、距离交会法以及极坐标法
坡度线的测设	能够根据工程需要测设设计坡度线	已知坡度的测设方法

一、相关知识

1. 施工测量的目的和内容

各种工程建设在施工阶段所进行的测量工作称为施工测量。施工测量的目的是把设计的建筑物或构筑物的平面位置和高程测设到地面上。施工测量的内容主要包括:施工控制网的建立;将图纸上设计好的建筑物或构筑物的平面位置和高程标定在实地上,即施工放样(测设);工程竣工后对建筑物或构筑物的竣工测量以及在施工期间检查施工质量的变形观测等。

2. 施工测量的原则

为了保证建筑物和构筑物的平面位置和高程都能满足设计要求,施工测量和测绘地形图一样,要遵循"从整体到局部"、"先控制后细部"的原则,即先在施工现场建立统一的平面控制网和高程控制网,然后以此为基准,测设出各个建筑物的平面位置和高程。

3. 施工测量的特点

(1)施工测量的精度要求取决于建筑物和构筑物的结构、材料、大小、用途和施工方法等因素。通常,高层建筑测量精度要高于低层建筑,工业建筑物的测量精度要高于民用建筑物,钢结构建筑的测量精度要高于钢筋混凝土结构、砖石结构建筑,装配式建筑的测量精度要高于非装配式建筑等。

(2)施工放样与地形测图工作过程正好相反。测图工作是以地面控制点为基础,测算出碎部点的平面位置和高程,并绘制成地形图。放样工作则需要根据图纸上设计好的建筑物或构筑物的位置和尺寸,算出其各部分特征点至附近控制点的水平距离、水平角及高差等放样数据,然后以地面控制点为基础,将建筑物或构筑物的特征点在实地标定出来。

(3)施工测量易受施工现场的影响,由于施工现场交叉作业频繁、机械设备多,而且土石方的填挖又造成地形的变化等,各种测量标志必须埋设在稳固且不易破坏的位置,并应妥善保管和经常的检查,如被破坏应及时恢复。

二、任务实施

1. 施工测量的基本工作

1)测设已知水平距离

测设已知水平距离是根据已知直线起点和直线方向,已知水平距离,标定出线段的另一端点。根据精度要求的不同,测设方法有一般方法和精密方法。

(1)一般方法

当测设精度要求不高时,可用普通钢卷尺测设。如图 8-0-1 所示,已知地面上 A 点及 AC 方向线,沿 AC 方向测设已知水平距离 D。

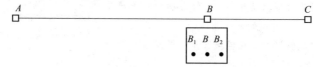

图 8-0-1 钢尺测设距离一般方法

测设方法:由 A 点沿 AC 方向测设距离 D。第一次测设得 B_1,第二次测设校核第一次丈量结果得 B_2,两次标定位置之差与测设距离之比的相对误差在容许范围内时,取 B_1、B_2 的平均值得 B 点,则为测设长度 D 的终点。

(2)精密方法

当测设精度要求较高时,应使用鉴定过的钢尺,并考虑尺长、温度、倾斜三项改正。在精密测距时,是先用钢尺量取被测距离长度,再加以三项改正,以求得正确的水平距离值。而测设已知水平距离的长度,是根据设计水平距离,结合钢尺的实际长度、丈量时的温度以及地面起伏情况,计算出实际测设数值。因此,计算尺长改正、温度改正、倾斜改正的改正数符号与测距相反。

尺长改正

$$\Delta d_l = \frac{\Delta l}{l} d$$

温度改正

$$\Delta d_t = \alpha(t - 20℃) \times d$$

倾斜改正

$$\Delta d_h = -\frac{h^2}{2d}$$

$$S = d - \Delta d_l - \Delta d_t - \Delta d_h \tag{8-0-1}$$

式中:S——实地测设长度;

d——欲测设水平距离;

l——钢尺的名义长度;

Δl——尺长改正数；

t——测量时温度；

h——两端点的高差。

【例 8-0-1】 实地测设水平距离 48.954m。使用钢尺的尺长方程为 $l_t = 50\text{m} - 5.48\text{mm} + \alpha(t-20℃) \times 50\text{m}$，概量后测得两点间高差为 +0.434m，丈量时的温度为 +24℃。求在地面上量出多少长度时，才能使 AB 的水平距离为测设长度 48.954m。

解：三项改正计算：

尺长改正
$$\Delta d_l = -5.4(\text{mm})$$

温度改正
$$\Delta d_t = +2.4(\text{mm})$$

倾斜改正
$$\Delta d_h = -1.9(\text{mm})$$

实地要测设的长度
$$S = d - \Delta d_l - \Delta d_t - \Delta d_h$$
$$= 48.954 + 0.0054 - 0.0024 + 0.0019 = 48.959(\text{m})$$

即在线段终点移动 5mm 即可。

测设距离超过一整尺时，进行概量后，可按精密量距方法丈量计算各尺段水平距离（不含最后一尺段），用设计值与实际丈量水平距离的差值为最后一尺段应测设水平距离，再按上述方法标定终点。全站仪测设已知距离时，将功能设置在放样模式下，按照仪器提示，前后移动棱镜即可。

2）测设已知水平角

测设已知水平角是在给定水平角的顶点和一个方向的条件下，要求标定出水平角的另一个方向。

（1）一般方法（正倒镜分中法）

如图 8-0-2 所示，设地面上已有方向线 OA，以 O 为角的顶点，顺时针测设角值 β，其测设步骤如下：

将经纬仪安置在角顶点 O 上，以盘左位置瞄准 A 点，读取度盘始读数 M（此时亦可使度盘读数为 0°00′00″）。

松开水平制动螺旋，旋转照准部，使度盘读数为 $M + \beta$，此时在视线方向上打桩定出 B_1 点。

倒镜成盘右位置，以同样方法测设 β 角，定出 B_2 点。取 B_1、B_2 分中点 B，$\angle AOB$ 即为所要测设角 β。

（2）精密方法

当测设精度要求较高时，可采用垂距改正法，以提高测设精度，如图 8-0-3 所示。

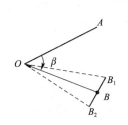

图 8-0-2 测设已知水平角

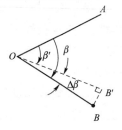

图 8-0-3 垂线改正法

先按一般方法测设出 B' 点,称为初设角(实际工作中测设角度和距离是同时进行的,因此,根据测设距离确定 B' 点)。

用测回法对 $\angle AOB'$ 观测若干个测回(应测测回数由测设精度要求和仪器的精度等级来定),求出 $\angle AOB'$ 平均角值,设为 β'。计算平均角值 β' 与需要测设的角值 β 之差 $\Delta\beta$,即:

$$\Delta\beta = \beta - \beta' \tag{8-0-2}$$

由于 $\Delta\beta$ 一般很小,同时考虑到仪器精度的限制,所以将角度的差值 $\Delta\beta$ 转化为 B' 点垂距改正,垂距改正值按下式计算:

$$BB' = OB' \times \tan\Delta\beta \approx OB' \frac{\Delta\beta}{\rho''} \tag{8-0-3}$$

过 B' 点作 OB' 垂线,再从 B' 点沿垂线方向由 BB' 距离定出 B 点,$\angle AOB$ 就是测设角 β。当 $\Delta\beta$ 为正时,说明实测水平角小于测设水平角,应向外移动;若 $\Delta\beta$ 为负,则说明实测水平角大于测设水平角,应向内侧移动。

【例 8-0-2】已知地面上 O、A 两点,要在 OA 方向右侧用精确方法测设 $45°$ 的水平角,测设距离 OB' 为 100m,精测获得的初设角平均值为 $\beta' = 44°59'30''$,求算改正数是多少?

解:
$$\Delta\beta = \beta - \beta' = 45°00'00'' - 44°59'30'' = +30''$$

$$BB' = OB' \frac{\Delta\beta}{\rho''} = 100 \times \frac{30''}{206\ 265''} = 0.014(\text{m})$$

过 B' 点作 OB' 垂线,再从 B' 点沿垂线方向向外量 0.014m 距离,定出 B 点,则 $\angle AOB$ 就是 $45°00'00''$。

3)测设已知高程点

(1)一般方法

测设已知高程点,是根据施工现场已有水准点,将设计高程标定在某一位置,作为施工的依据。如平整场地、桥涵基底、房屋基础开挖、路面高程、管道坡度等的测设,常要将点的高程测设到实地上,在地面上打下木桩,使桩的侧面某一位置的高程等于点的设计高程,如图 8-0-4 所示。

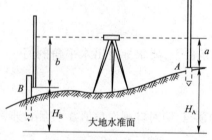

图 8-0-4 测设已知高程

【例 8-0-3】水准点 BM_A 的高程 H_A 为 115.247m,需在 B 点测设指定高程 $H_B = 114.136m$ 的桩点,预先在 B 点打一木桩。

解:①在 BM_A 点和 B 点之间安置水准仪,整平后,先后视 BM_A 点水准尺,得后视读数 $a = 0.785$m,计算水准仪视线高程:

$$H_i = H_A + a = 115.247 + 0.785 = 116.032(\text{m})$$

②计算前视水准尺尺底为指定高程时的水准尺读数:

$$b = H_i - H_B = 116.032 - 114.136 = 1.896(\text{m})$$

③前视尺紧贴木桩,上下慢慢移动,当前视读数为 1.896m 时,则尺底位置即为要测设的高程。在尺底用红笔画一水平线,表示测设高程的位置。

(2)高程传递放样

在某些工程施工中,需要对较深的基坑或较高的建筑物测设已知高程,常用的方法是悬吊钢尺配合水准仪引测。如图 8-0-5 所示,已知水准点 BM_A 的高程为 H_A,基坑内点 B 的设计高程为 H_B。

测设方法:在坑边悬吊钢尺,钢尺零点在下方,并挂一重锤,以保证钢尺稳定;安置水准仪在坑外,读取后视水准尺读数 a_1,前视钢尺读数 b_1;再把水准仪安置在坑底,读取后视钢尺读数 a_2。若要测设高程 H_B,则要计算前视水准尺读数 b_2。从图 8-0-5 中可以看出:

$$H_B = H_A + a_1 - (b_1 - a_2) - b_2$$

则

$$b_2 = H_A + a_1 - (b_1 - a_2) - H_B$$

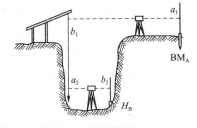

图 8-0-5　高程传递方法

【例 8-0-4】设水准点 A 的高程 $H_A = 82.996$m,B 点的设计高程 $H_B = 75.000$m,基坑口的水准仪读取水准点 A 的后视读数为 $a_1 = 1.623$m,读取钢尺上的前视读数 $b_1 = 10.368$m,坑底水准仪在钢尺读取后视读数 $a_2 = 1.526$m,则 B 点的前视读数应为多少?

解:
$$b_2 = H_A + a_1 - (b_1 - a_2) - H_B$$
$$= 82.996 + 1.623 - (9.368 - 1.526) - 75 = 1.777 \text{ (m)}$$

即当水准尺读数为 b_2 时,将木桩打入基坑即可,此时桩的顶面高程为测设高程。若向上传递高程,则方法与上述方法基本相同。

2. 点的平面位置测设方法

工程建筑物平面位置的测设,其实质是测设建筑物的轴线、轮廓线转折点的平面位置。测设点位的方法有直角坐标法、极坐标法、角度交会法、距离交会法等。实际应用中,可根据施工现场的仪器类型、精度、控制网的形式及点位分布、地形条件、测设精度要求等选择合适的测设方法。

1) 直角坐标法

直角坐标法是按直角坐标原理,确定一个点的平面位置的一种方法。如施工场地有彼此垂直的建筑基线或建筑方格网,则可算出设计图上的待测设点相对于场地上控制点的坐标增量,用直角坐标法测设点的平面位置。

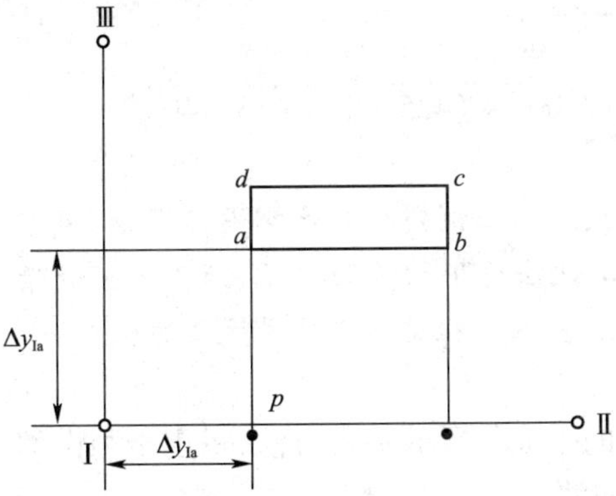

如图 8-0-6 所示,Ⅰ、Ⅱ、Ⅲ 是建筑基线端点(或是建筑方格网点),其坐标为已知,a、b、c、d 为拟测设建筑物的四个角点,其轴线均平行于建筑基线,这些点的坐标值均可由设计图给定,由待测设点算得它们的坐标增量,Δx、Δy 作为测设数据。现以测设 a 点为例,设 Ⅰ 点的坐标为 (x_I, y_I),a 点的坐标为 (x_a, y_a),则点的测设数据(坐标增量)为:

$$\Delta x_{Ia} = x_a - x_I$$
$$\Delta y_{Ia} = y_a - y_I$$

图 8-0-6　直角坐标法

测设方法:在控制点 Ⅰ 安置经纬仪,瞄准 Ⅱ 点,沿视线方向用钢尺丈量 Δy_{Ia} 值,定出 p 点。将经纬仪安置到 p 点,用盘左、盘右分别瞄准 Ⅱ 点,测设 90°取平均位置得 pd 方向线,沿此方向丈量 Δx_{Ia},定出点 a。同法可测设 b、c、d 点,最后用钢尺检查 ab、bc、cd、da 的长度,其值应等于设计长度,容许相对误差为 1/2 000。这种方法简单、施测方便、精度高,在施工测量中多采用此法来测定点位。

2) 极坐标法

极坐标法是根据一个角度和一段距离测设点的平面位置。当建筑场地开阔,量距方便,且

141

无方格控制网时,可根据导线控制点,应用极坐标法测设点的平面位置。如图 8-0-7 所示,点 A、B、C 为地面已有控制点(导线点),其坐标 (x_A, y_A)、(x_B, y_B)、(x_C, y_C) 均为已知。P 为某建筑物欲测设点,其坐标 (x_P, y_P) 值可从设计图上获得或为设计值。根据 A、B、P 三点的坐标,用坐标反算方法求出夹角 β 和距离 D_{AP},计算公式如下:

坐标方位角

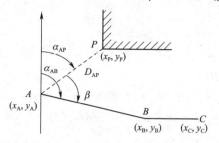

图 8-0-7 极坐标法

$$\alpha_{AB} = \arctan \frac{y_B - y_A}{x_B - x_A} \quad (8\text{-}0\text{-}4)$$

$$\alpha_{AP} = \arctan \frac{y_P - y_A}{x_P - x_A} \quad (8\text{-}0\text{-}5)$$

两方位角之差即为夹角 β:

$$\beta = \alpha_{AB} - \alpha_{AP} \quad (8\text{-}0\text{-}6)$$

两点间的距离 D_{AP} 为:

$$D_{AP} = \sqrt{(x_P - x_A)^2 + (y_P - y_A)^2} \quad (8\text{-}0\text{-}7)$$

【例 8-0-5】 已知 A、B 为控制点,其坐标值为 $x_A = 858.750$m、$y_A = 613.140$m、$x_B = 825.432$m、$y_B = 667.381$m;P 点为放样点,其设计坐标为 $x_P = 430.300$m、$y_P = 425.000$m。计算在 A 点设站,放样 P 点的数据。

解:

$$\alpha_{AB} = \arctan \frac{y_B - y_A}{x_B - x_A} = \arctan \frac{667.381 - 613.140}{825.432 - 858.750} = 121°33'38''$$

$$\alpha_{AP} = \arctan \frac{y_P - y_A}{x_P - x_A} = \arctan \frac{425.000 - 613.140}{430.300 - 858.750} = 203°42'26''$$

$$\beta = \alpha_{AB} - \alpha_{AP} = 121°33'38'' + 360° - 203°42'26'' = 277°51'12''$$

$$D_{AP} = \sqrt{(x_P - x_A)^2 + (y_P - y_A)^2}$$
$$= \sqrt{(430.300 - 858.750)^2 + (425.000 - 613.140)^2}$$
$$= 467.938(\text{m})$$

测设方法:将经纬仪安置于控制点 A,照准 B 点定向,采用正倒镜分中法测设 β 角值,沿分中方向用钢尺测设距离 D_{AP},定出 P 点在地面上的位置。此法适用于量距方便、距离较短的情况,是一种常用的方法。使用全站仪极坐标法测设点的位置在工程施工中已是主要方法。

3)角度交会法

角度交会法是根据测设角度所定的方向,交会出点的平面位置的一种方法,适用于测设的点位离控制点较远或由于地形复杂不便量距时点位的测设。因此,在水坝、水中桥墩等工程中,广泛采用此方法测设点位。

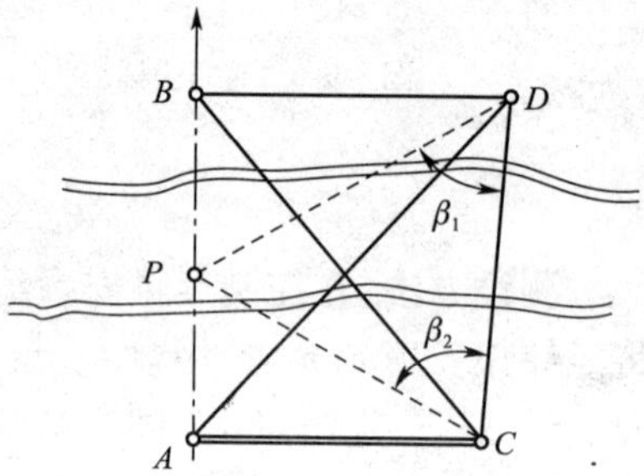

如图 8-0-8 所示,点 A、B 位于桥轴线上,以桥轴线为坐标纵轴,点 A、B、C、D 为所布设的控制点,经控制测量后,它们的坐标值均为已知。点 P 为河中桥墩的中心点,P 点坐标由下式计算:

$$x_P = x_A + L_P$$
$$y_P = y_A$$

式中:L_P——墩台中心里程与 A 点里程之差。

图 8-0-8 角度交会法

交会角 β_1、β_2 按下式计算:

$$\alpha_{DC} = \arctan \frac{y_C - y_D}{x_C - x_D}$$

$$\alpha_{DP} = \arctan \frac{y_P - y_D}{x_P - x_D}$$

同理求得 α_{CP}、α_{CD}。

由两个方位角之差求得测设 P 点的交会角为：

$$\beta_1 = \alpha_{DP} - \alpha_{DC}$$

$$\beta_2 = \alpha_{CD} - \alpha_{CP}$$

测设方法：如图 8-0-8，将三台经纬仪分别安置在 A、C、D 三个控制点上，A 点的经纬仪后视 B 点，C、D 点仪器分别后视 A、B 点，使水平度盘的读数均为 0°00′00″。测设相应的交会角值，理论上三方向交会于一点，但由于测量误差的存在，如果不交于一点，则产生示误三角形，如图 8-0-9 所示。示误三角形的最大边长在限差以内，以交会投影至桥轴线上的点作为交会的桥墩中心。若交会方向不包括桥中线方向，应以交会得的示误三角形重心作为交会的桥墩中心。在交会定点后，应立即将交会方向延伸到河流对岸上，根据视线方向钉设木桩或用觇牌固定作为标志，以便随时恢复交会方向，检查施工中的桥墩中心位置。

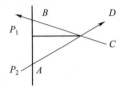

图 8-0-9 示误三角形

4）距离交会法

距离交会法是根据测设的距离交会定出点的平面位置的一种方法。若施工场地平坦，且控制点到待测点的距离不超过一整尺长的情况下，根据控制点与待测点的坐标，计算山测设距离，如图 8-0-10 所示。测设时，可同时用两把钢尺分别将尺子零点对准控制点 A、B，然后将尺拉平、拉紧，并使两尺上读数分别为 D_{AP}、D_{BP} 时交会在一点，则该点即为要测设的 P 点。此法使用的工具和测量方法都较简单，容易掌握。但注意两段距离相交时，角度不能太小，否则容易产生较大的交会误差，降低测设的精度。

3. 已知坡度直线的测设

在工程设计中，如道路、管线、场地平整的纵向、横向坡度施工时，要按给定的坡度施工，因此，要在地面用木桩标定出已知坡度线，作为施工的依据。坡度线的测设根据坡度大小，可选用下列两种方法。

1）水平视线法

水平视线法的基本原理是根据坡度的起点、方向、坡度率计算测设点高程，利用测设已知高程点的方法，确定设计坡度线。如图 8-0-11 所示，点 A、B 为设计坡度的两端点，起点设计高程为 H_A，要求在 A、B 两点之间测设出坡度为 i_{AB} 的坡度线。为施工方便，每隔距离 d 打一木桩，并标出坡度线的位置。

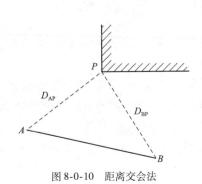

图 8-0-10 距离交会法

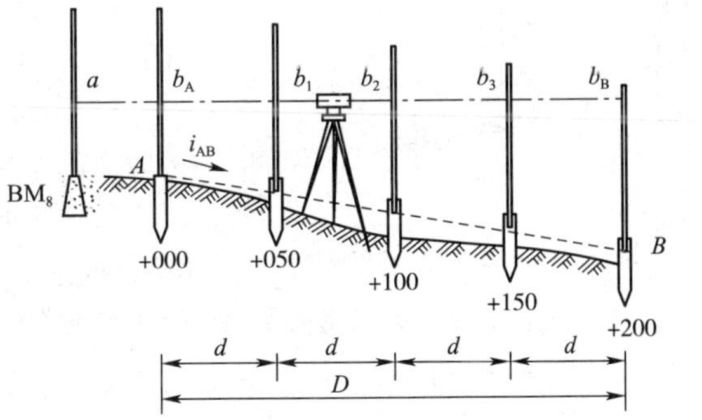

图 8-0-11 水平视线法测设已知坡度的直线

【例8-0-6】已知水准点 BM_8 的高程为 240.650m,设计坡长为 200m,设计坡度 $i=-2‰$,起点里程为 K0+000,其高程为 240.000m,终点 B 为已知。试测设每 50m 一点的坡度线位置。

解:①计算各点设计高程:

$$H_设 = H_已 + i_{AB} \times d$$

$$H_{+50} = 240.000 - \frac{2}{1\,000} \times 50 = 239.900(\text{m})$$

$$H_{+100} = 240.000 - \frac{2}{1\,000} \times 100 = 239.800(\text{m})$$

$$H_{+150} = 240.000 - \frac{2}{1\,000} \times 150 = 239.700(\text{m})$$

$$H_{+200} = 240.000 - \frac{2}{1\,000} \times 200 = 239.600(\text{m})$$

②置经纬仪于起点 A,后视终点 B 定向,每 50m 打一木桩。
③安置水准仪,读取 BM_8 点上后视读数 $a=1.065$m。
④计算视线高程:

$$H_i = H_A + a = 240.650 + 1.065 = 241.715(\text{m})$$

⑤计算出各桩点坡度线位置的前视读数:

$$b_i = H_视 - H_设$$

$$b_{+50} = 241.715 - 239.900 = 1.815(\text{m})$$

$$b_{+100} = 241.715 - 239.800 = 1.915(\text{m})$$

$$b_{+200} = 241.715 - 239.700 = 2.015(\text{m})$$

$$b_{+200} = 241.715 - 239.600 = 2.115(\text{m})$$

⑥按测设已知高程点的方法在桩的侧面标出坡度线位置。

测设时,设计高程低于地面以下,则应使设计高程增加一整数,能使坡度线位置标注在桩上,并在桩上用符号注明下挖数。此方法适用于坡度较小的地段。

2)倾斜视线法

如图 8-0-12 所示,此法是根据视线与设计坡度线平行时,其竖直距离处处相等的原理,以确定设计坡度线上各点高程位置的一种方法。它适用于坡度较大,且设计坡度与地面自然坡度较一致的地段。

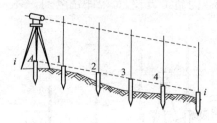

图 8-0-12 倾斜视线测设坡度线

测设方法:
(1)已知 A 点的设计高程,按照 i_{AB} 和两端点的距离,计算出 B 点的高程。
(2)用高程测设的方法,将 A、B 两点的设计高程标定在地面的木桩上。
(3)在 A 点安置水准仪,量取仪器高,使一个脚螺旋在 AB 方向上,另两个脚螺旋的连线大致与 AB 方向线垂直。转动 AB 方向的脚螺旋和微倾螺旋,使十字丝的横丝对准 B 尺上的读数为仪器高,此时仪器视线与设计坡度线平行。在各桩号上立尺,上下移动水准尺使读数为 i 时,紧贴尺底划一道红线,就是设计坡度线。

习 题

1. 施工测量的基本方法有哪几种?
2. 测设平面位置点有哪几种方法?各在什么条件下采用?
3. 详述测设已知水平角的一般方法。
4. 绘图说明测设已知高程点的方法。
5. 用正倒镜测设出直角 $\angle AOB'$ 后,再精确测量 $\angle AOB' = 89°59'42''$,已知 OB' 的距离 $D = 96\mathrm{m}$,问如何移动 B' 点才能使角值为 $90°$,应移动的距离是多少?
6. 已知水准点 A 的高程为 $H_A = 69.214\mathrm{m}$,要测设设计高程为 $70.00\mathrm{m}$。若水准仪安置在 A、B 两点之间,在 A 点水准尺读数为 $1.873\mathrm{m}$,问 B 点水准尺读数为多少?
7. 已知 A、B 两点为控制点,$x_A = 530.00\mathrm{m}$,$y_A = 520.00\mathrm{m}$,$x_B = 469.63\mathrm{m}$,$y_B = 606.22\mathrm{m}$,又知 P 点的设计坐标 $x_P = 522.000\mathrm{m}$,$y_P = 586.000\mathrm{m}$,试分别计算出用极坐标法、角度交会法和距离交会法测设 P 点的放样数据。

参 考 文 献

[1] 张保成.工程测量[M].北京:人民交通出版社,2002.

[2] 王金玲.土木工程测量[M].武汉:武汉大学出版社,2008.

[3] 田文,唐杰军.工程测量技术[M].北京:人民交通出版社,2011.

[4] 李仕东.工程测量[M].北京:人民交通出版社,2009.

[5] 钟孝顺,聂让.测量学[M].北京:人民交通出版社,1997.

[6] 中华人民共和国国家标准.工程测量规范(GB 50026—2007)[S].北京:中国计划出版社,2008.

[7] 中华人民共和国行业标准.公路勘测规范(JTG C10—2007)[S].北京:人民交通出版社,2007.

[8] 中华人民共和国行业标准.公路工程技术标准(JTG B01—2003)[S].北京:人民交通出版社,2004.

[9] 中华人民共和国国家标准.国家基本比例尺地图图示第1部分:1∶500　1∶1000　1∶2000(GB/T20257.1—2007)[S].北京:中国标准出版社,2007.